Vreni Frost

COIN STRESS

Vreni Frost

COIN STRESS

EIN PLÄDOYER FÜR DEN
ENTSPANNTEN UMGANG
MIT GELD

KOMPLETTMEDIA

Ich verwende in diesem Buch das generische Femininum.
Es sind natürlich alle Geschlechter angesprochen.

Klimaneutral
Druckprodukt
ClimatePartner.com/13336-1905-1001

FSC www.fsc.org
MIX
Papier aus verantwortungsvollen Quellen
FSC® C104521

Originalausgabe
1. Auflage 2022
Verlag Komplett-Media GmbH
2021, München
www.komplett-media.de
ISBN: 978-3-8312-0598-1
Auch als E-Book erhältlich

Lektorat: Redaktionsbüro Diana Napolitano, Augsburg
Korrektorat: Monika Pfaff, Langenfeld
Layout: Heike Kmiotek, Düsseldorf
Umschlaggestaltung: Favorit Büro, München
Satz: Buch-Werkstatt GmbH, Bad Aibling
Druck & Bindung: Impress GmbH, Mönchengladbach
Gedruckt in der EU

Für meine Eltern,
die sich nie im Leben ein Finanzbuch
von ihrer Tochter erträumt hätten.

Und für Momo,
der diesen grandiosen Titel aus dem Ärmel geschüttelt hat,
ohne zu wissen, dass es ein Buchtitel wird.

INHALT

In·ves·ti·ti·on

/Investitión/
Substantiv, feminin [die]

// Langfristige Anlage von Kapital

// Vermögenswert oder Gegenstand, der mit dem Ziel erworben wird, eine Wertsteigerung zu erzielen

// Geistige oder körperliche Arbeit, die zukünftig einen besonderen Nutzen bringen soll

VON SCHUHEN UND SCHUFA

Hätte man bis zu meinem 30. Lebensjahr mein Verhältnis zu Geld beschreiben müssen, dann wäre das vermutlich ein Beziehungsstatus à la »es ist kompliziert« gewesen. Es war eine absolute On-off-Beziehung. Kaum war es da, hab ich es in hohem Bogen wieder rausgeschmissen – wir reden also von eher off als on, von grundsätzlich immer mehr Soll als Haben. Sehr zum Leidwesen meiner Eltern, denn meine zwei älteren Geschwister hatten das im Griff, die haben gespart und vernünftig gehaushaltet. Ich nicht. Ich habe den Sinn hinter dem Konzept »Sparen« einfach nicht verstanden, und die Verlockungen waren stets zu groß.

Meine früheste Währung waren Eiskugeln. Wie viele Eiskugeln bekomme ich für die Münzen in meiner Hand? Spoiler – es waren maximal drei. Taschengeld habe ich grundsätzlich direkt zu »Feinkost Gall« getragen, dem kleinen Laden in unserem Stadtteil, der diese grandiosen Süßigkeitentüten gefüllt hat. Zehn Pfennig für eine Riesenerdbeere, fünf für die Brause-Ufos. Fand ich eine sehr gute Investition.

Als im Januar 2002 der Euro kam und die Deutsche Mark als Währung ablöste, schenkten unsere Eltern uns drei Kindern das sogenannte Starter-Kit. Das war ein Plastikbeutelchen mit Euromünzen jeder Art und Größe im Wert von 10,23 Euro. Gekostet hat es 20 DM. Ratet, wer es sofort aufgerissen und ausgegeben hat … Meine Geschwister besitzen das Kit, glaube ich, bis heute noch. Zum Glück ist das in Deutschland nicht signifikant im Wert gestiegen – im Gegensatz zu den Zwergstaaten Monaco oder Vatikanstadt, wo schon Starter-Kits für bis zu 1000 Euro unter dem Hammer gelandet sind – sonst hätte ich mich schon ein bisschen geärgert. Aber hey, damals war ich arme Abiturientin!

Zu Schulzeiten habe ich außerdem versucht, mein Taschengeld aufzubessern, indem ich das Mensageld, das ich von Papa und Mama bekam, nicht fürs Mittagessen ausgab, sondern für Schminke bei dm.

Ich habe von meinen Eltern immer bekommen, was ich gebraucht habe, mehr aber selten. Deshalb arbeite ich, seit ich 16 bin. Zuerst als Verkäuferin und Kassiererin, später im Studium an der Theaterbar im Augsburger Opernhaus und danach im Gasthaus »Rose« in der Küche, das war zu meinem Masterstudium in Tübingen. (Ich bin Weltmeisterin im Kartoffelschälen und Maultaschen-Rollen.) Gereicht hat das Geld trotzdem nicht. Ich lebte von Dispo zu Dispo, von 1,95 Euro Faber Sekt und Nudeln mit Ketchup (eine großartige Zeit!).

Eines Tages trudelte der Brief mit der Androhung eines Schufa-Eintrags ein, weil mein Konto einfach zu lange nur im Minus dahindümpelte. Das Fass zum Überlaufen gebracht hatte ein Paar Stiefel, vom Aussehen eine Mischung aus Chucks und Dr. Martens. Ich fand sie unfassbar cool, und natürlich konnte ich ohne nicht leben. Damit ich mein Objekt der Begierde also kaufen konnte, lieh ich mir zusätzlich Geld von meiner Schwester. Und dann: Wumms. Der Schufa-Brief. Zurückgeben konnte ich die Schuhe nicht, weil ich sie selbstverständlich gleich am selben Abend zur Studentenparty ausführen musste. Nur mit Hilfe meiner Family konnte ich das Konto ausgleichen. Heute kann ich darüber lachen. Damals war das echt knapp und hätte mir einiges verbauen können – wir alle wissen, wie mies ein Schufa-Eintrag ist. Haarscharf dran vorbe geschlittert – Schwein gehabt.

So, und warum zum Henker schreibt die jetzt ein Buch über Finanzen, werdet ihr euch fragen. Habe ich mich ehrlich gesagt auch kurz gefragt, weil es tatsächlich gute Bücher zu dem Thema gibt. Ich bin keine Finanzexpertin, dennoch: Ich habe ein Buch vermisst, in dem ich mich nicht ständig unter Druck gesetzt fühle, weil ich denke, dass ich eh schon zu spät dran bin, sowieso zu wenig Einkommen habe, um zu sparen, mir Geldausgeben zu viel Spaß macht oder ich mir dumm vorkomme, weil ich das Ganze irgendwie doch nicht kapiere. Und voilà, dieses Buch haltet ihr nun in der Hand. Wir gehen hier komplett ohne Stress an das Thema heran, verschaffen uns einen Überblick und machen erste kleine Schritte.

Kürzlich sprach ich mit Harald Schmidt, der mich in seinen Podcast »Raus aus der Depression« eingeladen hatte (psychische Gesundheit ist ein weiteres meiner Herzensthemen). Wir haben kurz den Buchtitel angerissen, und Herr Schmidt dachte, Coin Stress sei schwäbisch, was ich äußerst amüsant fand. Denn um »Schaffe, schaffe, Häusle baue« geht's gerade nicht, eher um »Denke, denke, will i überhaupt a Häusle habe oder sin mir andere Sache wichtiger …«.

Wir versuchen also herauszufinden, was wir wirklich wollen, wie wir leben möchten, abseits von gesellschaftlichen Vorstellungen. Hier kommt kein erhobener Zeigefinger, weil der Zug fast abgefahren ist oder du zu häufig ins Restaurant gehst, du bekommst auch keine hohlen Motivationssprüche, mit denen zahlreiche selbst ernannte Coaches um sich werfen.

Ich unterteile dieses Buch in fünf Bereiche: stressfrei investieren, schlau investieren, vorausschauend investieren, nachhaltig investieren und kreativ investieren. Im ersten Teil, stressfrei investieren, nehmen wir einmal unser eigenes Verhältnis zu Geld unter die Lupe und lernen ein paar Grundlagen. Schlau investieren wir, wenn wir einige nützliche Tools an die Hand bekommen, um uns in die Finanzwelt zu wagen. Wie wir vorausschauend investieren, lernen wir in Teil drei – hier machen wir einen Versicherungs-TÜV und klären, welche Investitionsmöglichkeiten es da draußen so gibt. Das Thema Nachhaltigkeit (ja, auch das ist spannend beim Thema Finanzen) behandeln wir danach, und zum Schluss gibt's noch einige Einblicke in Investitionen, die ziemlich besonders sind und ganz schön Spaß machen können. Außerdem folgen noch einige Inspirationen zur persönlichen finanziellen Weiterentwicklung. Und ganz am Ende findet ihr das einfachste Finanzglossar der Welt.

Los geht's!

VON EINER, DIE NICHT AUSZOG, UM FINANZEN ZU LERNEN

Wie kam es nun dazu, dass ich Sparmuffel mich doch irgendwann mit Finanzen beschäftigt habe?

Ich kam mit Mitte 20 nach Berlin, eher unfreiwillig, weil ich aufgrund einer schweren Depression mit Angstzuständen für eine Weile außer Gefecht gesetzt war und wieder bei meinen Eltern einzog. Mein großer Traum war es, in der Modebranche zu arbeiten, und als ich mich wieder erholt hatte, bekam ich tatsächlich einen Job in einer Berliner PR-Agentur für Mode & Lifestyle (PR steht für Public Relations, also Presse- und Öffentlichkeitsarbeit). Ich begann als Praktikantin und sollte dann ein Trainee abschließen. Ich habe also sechs Monate lang für 200 Euro in einer 40-Stunden-Woche (Minimum!) gearbeitet. Richtig, richtig mies. Damals wurde mir regelmäßig mein eigenes Privileg bewusst. Ich konnte diesen Job nur machen, weil meine Eltern mich finanziell aufgefangen haben. Ich finde es wirklich zum Kotzen, dass viele Jobs nur möglich sind, wenn Kinder von den Eltern unterstützt werden. Da draußen springt so viel Talent rum, das wir jeden Tag vergeuden, weil wir nicht allen die gleichen Chancen einräumen. Chancengleichheit ist bei uns, auch wenn es immer wieder betont wird, keinesfalls gegeben. Damals habe ich mir geschworen, wenn ich jemals Menschen beschäftigen sollte, würde niemand für 200 Euro arbeiten – und das habe ich auch geschafft.

Das Trainee habe ich übrigens vorzeitig abgebrochen und gekündigt, weil PR echt keine Raketenwissenschaft ist und man einfach nicht Praktikum *und* Trainee braucht. Für PR musst du eigentlich auch nicht studieren (wie übrigens für so einige Jobs, die das voraussetzen, nicht). Du solltest gut und sicher sein, wenn du Texte verfasst, brauchst ein paar fachliche und soziale Skills und jut is.

Aber die Karriereleiter will eben erklommen werden. Was Karriereleitern angeht, so lasse ich Stufen auch gern mal aus, wenn sie für mich keinen Sinn ergeben. Also machte ich mich selbstständig.

Damals hatte ich einen der ersten deutschen Modeblogs ins Leben gerufen, damals absolutes Neuland. Ich wollte einfach mit der Modebranche verknüpft bleiben, selbst wenn ich den Job gewechselt hatte. Mit der ganzen Flut an Influencerinnen kann man sich heutzutage gar nicht mehr vorstellen, wie das alles angefangen hat. Ich war dabei. Der Blog startete als reines Hobby, ich verdiente kein Geld damit. Ich schoss Outfit-Fotos und schrieb Berichte über die Modeszene. Geld musste ich trotzdem verdienen, also nahm ich nach einiger Zeit als Redaktionsassistenz bei einem Videoformat und diversen PR-Jobs wieder eine Festanstellung bei einer Agentur für Markenkommunikation an. Vertraglich legte ich eine Vier-Tage-Woche als Bedingung fest, weil mein Blog zu der Zeit schon anständig lief, und ich plante, diesen irgendwann zu monetarisieren. So hatte ich neben dem Job als Beraterin von Freitag bis Sonntag Zeit, um an meinen Blogpostings zu arbeiten.

Zwei Jahre später ließ ich meinen Vertrag auslaufen und wagte den Schritt als Vollzeitbloggerin. Eine ziemliche Ernüchterung. Ich hatte knapp 10.000 Euro gespart, die waren nach einem halben Jahr ratzeputz weg – Miete, Versicherungen und mein Leben mussten schließlich irgendwie finanziert werden. Die Einnahmen reichten bei Weitem nicht aus, um das alles zu decken. Ich war also frustriert schon fast wieder auf der Suche nach einer Festanstellung, als es geschah: Als hätte jemand mit dem Finger geschnippt, trudelten die Kooperationsanfragen ein, das Ding lief und würde bis heute laufen, hätte ich mich nicht irgendwann für einen anderen Weg in meinem Leben entschieden. Mit einem Team aus fünf Leuten arbeiteten wir am Ende vor allem an Themen zu Gesundheit, Gleichberechtigung und Nachhaltigkeit. Ich war mit dem Blog erwachsen geworden und das in einem Beruf, den es vor meiner Generation noch nicht gab.

Dieser Mut hat sich ausgezahlt: Ich habe unfassbar viel gelernt, konnte eine ganze Branche mitgestalten und habe mir ein tolles Netzwerk aufgebaut, das mir bis heute hilft und Inspiration gibt. Mit 37 nahm ich privat Sprech- und Schauspielunterricht und arbeite heute unter anderem als professionelle Sprecherin für Hörbuch, Hörspiel, Werbung etc., außerdem moderiere ich diverse Formate und Veranstaltungen.

Was mein Weg mir finanziell beigebracht hat, ist, keine Angst vor Finanzen zu haben. Meine Freundinnen sehen mich immer mit großen Augen an, wenn ich sage, dass ich meine Steuer komplett selbst mache. Dann kommen immer Sätze wie: »Das könnte ich nie!« Was absolut falsch ist. Solange wir allein und ohne Angestellte arbeiten, schaffen wir es alle. Wir trauen uns nur nicht oder haben keinen Bock. Dadurch verschließen wir aber den Zugang zu wichtigen Informationen unserer eigenen kleinen Finanzwelt. Durch die komplett selbstständige Buchhaltung lernen wir viel über Geld und Geldfluss, über Abgaben, Regeln und Co. Das macht selbstbewusst im Umgang mit den eigenen Finanzen.

Zusätzlich zur Steuer habe ich mich um meine Mitarbeiterinnen gekümmert, Versicherungen abgeschlossen und Flauten einkalkuliert. Je besser meine finanzielle Situation wurde, desto mehr Freude habe ich daran gefunden, meine Finanzen zu organisieren.

Ich habe allerdings festgestellt, wie viele Menschen, vor allem Frauen, furchtbare Berührungsängste mit diesem Thema haben. Ich reiche anderen Menschen grundsätzlich lieber die Hand, als mit dem Finger auf sie zu zeigen. Und ich lerne sehr gern. Meine Eltern werden an dieser Stelle laut lachen – die haben das anders in Erinnerung, wie wahrscheinlich fast alle Eltern. Okay, fairerweise ein Zusatz: Ich lerne sehr gern, wenn mich das Thema interessiert oder ich die Person mag, die es vermittelt.

Deshalb rief ich unter anderem den Podcast »Summa Summarum« ins Leben, wo ich mit spannenden Expertinnen aus der Finanzbranche spreche. Weil ich ein Mensch bin, der komplexe Sachverhalte gern schriftlich vorliegen hat, war ein entsprechendes Buch zum Thema Ehrensache. Und hier sind wir nun.

STRESSFREI
INVESTIEREN

Stress?

Ich kenne nur

Strass.

KARL LAGERFELD

BLOSS COIN STRESS BITTE

Was soll das überhaupt bedeuten, stressfrei zu investieren?

Viele von uns fühlen sich noch überfordert beim Gedanken, in die Finanzwelt einzutauchen. »Ich kann das nicht« oder »Ich will das nicht« sind Sätze, die unmittelbar Stress auslösen. Wenn wir glauben, einer Aufgabe nicht gewachsen zu sein, dann meldet sich unser Körper direkt. Der Blutdruck steigt, Muskeln spannen sich an, und so einiges mehr passiert. Alles unnötig. In diesem Buch setzt dich niemand unter Druck. Du kannst ganz entspannt in deinem eigenen Tempo lesen, lernen und umsetzen.

Ganz im Gegensatz zu unserem Alltag. Hier werden wir häufig damit konfrontiert, dass wir in puncto Finanzen alles andere als am Ball sind. Unsere Mitmenschen lassen gern raushängen, dass sie ja wesentlich besser aufgestellt seien – wirklich ehrlich über Geld spricht aber fast niemand. Deutschland ist Spitzenreiter, wenn es um das Schweigen über Geldthemen geht. Laut einer repräsentativen Umfrage der Postbank aus dem Jahr 2015 ist für rund 64 Prozent der Deutschen Geld ein absolutes Tabuthema. Das hat sich bis heute scheinbar verbessert, zumindest sagt das eine Umfrage der Consorsbank (2018): Hier gaben trotzdem 29 Prozent der Teilnehmenden an, auch mit engen Freunden nicht über Geld sprechen zu wollen.

Spannend ist auch, dass etwa 20 Prozent der Deutschen nicht einmal wissen, was ihr Partner verdient.[1] Es gibt Frauen, die haben noch nie einen Geldautomaten bedient – das ist kein Witz. Als der Vater einer Bekannten verstarb, war Geldabheben absolutes Neuland für die Ehefrau. Das ist kein Einzelfall. Wenn über Geld gesprochen wird, dann oft in hingeklatschten Sätzen aka Vorwürfen wie den Folgenden:

- **»Was? Du hast noch keine private Altersvorsorge? Na dann, gute Nacht …«**
- **»Wenn ich so viel für Beautykram ausgeben würde wie du, würde ich auch auf keinen grünen Zweig kommen.«**

- **»Du willst ja wohl nicht dein ganzes Leben zur Miete wohnen?!«**
- **»Puh, also jetzt noch was zu kaufen ist vielleicht nicht so vernünftig bei deinem Kontostand …«**
- **»Ach scheiß drauf, dein Dispo geht doch bis 2.000 Euro.«**

Wow, alles super motivierend … nicht? Gerade die Sache mit der Altersvorsorge ist so ein Ding. Altersvorsorge klingt so unsexy und eben wie etwas, um das man sich später auch noch kümmern kann.

Wenn ich jung bin, habe ich überhaupt keinen Bock und in meinem Fall auch noch gar nicht das Verständnis dafür, dass ich irgendwann mal Geld fürs Alter brauchen könnte – ich habe ja kaum genug Geld, um jetzt irgendwie zu überleben … Da fange ich gerade erst an, eigenes Geld zu verdienen, und dann soll ich direkt was für in vielleicht 40 Jahren zurücklegen?! Ungern bis unmöglich.

Und jetzt kommt der erste Punkt, bei dem ihr euch keinen Stress machen sollt: Ihr habt bisher keine Altersvorsorge? So what, dann ist es eben so. Können wir rückwirkend nicht ändern. Abhaken, sich nicht unter Druck setzen, weitermachen. Ich habe mit knapp 30 angefangen und werde es überleben. Ich glaube, wenn wir Altersvorsorge anders bezeichnen, dann wird es einfacher, Geld zur Seite zu legen, zumal die klassischen Altersvorsorgen, wie wir sie kennen, gar nicht immer so sinnvoll sind. Diesem Thema widmen wir uns ausführlich im Teil »Vorausschauend investieren« (➲ ab Seite 104).

Die gute Nachricht: Finanzen sind keine Raketenwissenschaft (genauso wenig wie PR). Aber es erfordert etwas Fleißarbeit, um sich im Finanzdschungel zurechtzufinden. Damit es für euch nicht so unübersichtlich wird wie für mich (ja, ich habe mich für uns von Liane zu Liane geschwungen), habe ich einen Trampelpfad in Form dieses Buchs geschaffen. Damit kommt ihr gut durch und könnt euch danach auf die ein oder andere Expedition wagen, die euch interessiert. Und ihr werdet vielleicht wie ich herausfinden, dass Finanzthemen sogar Spaß machen.

WAS BEDEUTET REICHTUM FÜR DICH?

Nach dem Abitur gab es für mich erst mal nur drei Möglichkeiten: Medizin, Jura oder BWL. Mein Horizont reichte nicht, um mir abseits dieser Studiengänge eine stabile Zukunft vorstellen zu können. Viel Geld wollte ich verdienen, ein BMW Cabrio fahren, Kostüme von Armani und Designertaschen tragen, in einem großen Haus wohnen und reich heiraten. Oh Gott, was bin ich froh, dass ich nicht dieses »Ich« geworden bin. Das Jurastudium habe ich erfolgreich im zweiten Semester abgebrochen, ich war echt gut, aber es war furchtbar langweilig. Außerdem gingen mir die Perlen-Paulas und Stehkragen-Poloshirt-Pauls gehörig auf die Nerven.

Ich traute mich also doch, einen anderen Weg einzuschlagen, widmete mich den Medienwissenschaften – und fand dort meine Berufung. Und jetzt, mit fast 40 Jahren, bin ich weder reich verheiratet noch fahre ich überhaupt irgendein Auto, ich besitze kein großes Haus, und ein Armanikostüm ist mir viel zu langweilig. Gut, die Designertaschen baumeln an meinem Arm, das war aber auch schon alles aus meinen Vorstellungen als 19-Jährige. Wie kam es also dazu?

Sagen wir es so: Das Leben hat mir ein paar dringend notwendige Ohrfeigen verpasst, die mich wachgerüttelt haben. Früher wusste ich einfach noch überhaupt nicht, wer ich bin und was ich wirklich will. Ich war getrieben von tollen Vorstellungen über mein Leben, ohne mich wirklich mit mir selbst auseinanderzusetzen. Ich habe mich nur durch äußere Einflüsse definiert, ohne zu erkunden, was in mir eigentlich abgeht. Und dieses Problem haben, glaube ich, viele von uns. Ständig sollen wir irgendwem oder irgendetwas entsprechen, wir passen uns an und rennen im Leben der anderen mit, um ja nicht den Anschluss zu verpassen. Und weil das alles ganz schön anstrengend ist, bleibt kaum Zeit, um sich selbst kennen- und dann auch irgendwann lieben zu lernen. Klingt megakitschig, ich weiß, aber das ist tatsächlich der Schlüssel: dich selbst lieben und die besten Entscheidungen für dich treffen.

Bei mir hat das einige Therapien und mindestens zehn Jahre gedauert. Ich habe einfach 25 Jahre meines Lebens für andere gelebt. Und dann kam der Umzug nach Berlin, der auch einen Umzug meiner Gedankenwelt mit sich brachte. Ich wagte Dinge, einfach weil ich zufrieden sein wollte. Ich gründete einen der ersten deutschen Modeblogs, machte mich damit selbstständig und stieß dabei auf viel Unverständnis. Heute sind Influencer in aller Munde, ich gehöre zu den Urgesteinen der deutschen Blogosphäre – niemand hat damals kapiert, wie ich Geld verdiene und was ich überhaupt alles dafür tue. Aber ich fand meine Berufswahl super. Und so entwickelte ich mich hin zu einer Geschäftsfrau, die sich immer wieder neu erfindet und Wege mitgestaltet, damit andere sie leichter gehen können. Einfach weil mich das glücklich macht, weil ich das brauche, um neue Kreativität zu schöpfen.

Kommen wir aber zurück zum Reichtum: Ja, ich bin reich. Ich bin reich, weil ich mich selbst verwirkliche und neugierig auf die Zukunft zugehe. Ich bin reich, weil ich weitestgehend gesund bin und in einem Land lebe, in dem ich mich frei entfalten kann. Und ja, ich verdiene echt gut. Geld ist ein Sicherheitsnetz, aber es macht nicht glücklich, wie ich früher dachte.

Ich habe nicht reich geheiratet, aber ich lebe seit 12 Jahren in einer gesunden und spannenden Beziehung. Ich habe kein großes Haus, aber ich liebe meine gemütliche Berliner Altbauwohnung – mein allerliebster Ort ever. Ein BMW Cabrio besitze ich nicht, will ich nicht und brauche ich nicht. Mal abgesehen davon, dass ich in meinem Kiez sowieso keinen Parkplatz finden würde, ohne in enormen Stress zu geraten, tut es auch die Umweltkarte der Berliner Verkehrsbetriebe. Und nein, ich trage nicht die neuesten Designerstücke, ich trage Designer Vintage und Secondhand, weil ich das viel nachhaltiger und auch individueller finde. Bei den Taschen werde ich ab und an bei Neuheiten schwach, finde das aber völlig in Ordnung. Zu guter Letzt hänge ich nicht an meinem Geld. Ich habe mir einen Notgroschen angespart (dazu kommen wir gleich), und solange der da ist, mache ich mit meinem Geld sowohl sinnvolle Dinge als auch absoluten Quatsch.

Zum Thema Reichtum hat mir der Vater einer Freundin eine tolle Geschichte erzählt. Damals war ich 14 Jahre alt und mit meiner Freundin Sarah und ihren Eltern im Urlaub in Griechenland. Sarahs Papa war Künstler und genial verrückt – mit ihm haben wir die lustigsten Sachen erlebt. Er hat uns kleine Gesichter aus Babybel-Käse geschnitzt, uns ein Fliegennetz-Zelt auf der Terrasse gebaut, damit wir draußen übernachten und den atemberaubenden Sternenhimmel beobachten konnten, und er hat uns Geschichten erzählt.

Auf dem Gelände unseres Ferienhauses stand eine riesige Tonne, und so kam die Sprache auf Diogenes. Der Philosoph und Asket Diogenes, so sagt man, lebte in einer Tonne. Eines Tages kam Alexander der Große und fragte ihn: »Fordere, was du wünschest.« Und was antwortete Diogenes? »Geh mir aus der Sonne.«

Früher fand ich es einfach nur witzig, dass Diogenes einem mächtigen Herrscher so frech antwortet. Heute finde ich es beeindruckend. Da fragt dich einer mit viel Geld und Macht, was du willst, und du sagst: »Geh mir aus der Sonne.« Großartig. Das ist wahrer Reichtum.

So weit bin ich noch lange nicht und will es auch nicht sein, denn im Gegensatz zu Diogenes besitze ich gern die ein oder andere Sache – außerdem hab ich eine Sonnenallergie, der Schatten von Alexander wäre für mich also Gold wert.

Aber: Es fällt mir tatsächlich nicht schwer, mich von materiellen Dingen zu trennen, und das finde ich gut. Wenn sich irgendwer vor mir aufplustert und mit irgendwelchen materiellen Dingen prahlt, dann kommt mein innerer Diogenes raus, und ich denke nur: »Geh mir doch einfach aus der Sonne, du Lauch.«

Wichtiger als Besitz sind für mich Menschenliebe, Gleichberechtigung, Support, Vertrauen und Fairness. Und das sind Werte, für die ich mich starkmache. Das sind Werte, die jede von uns, unabhängig vom eigenen Besitz, leben kann.

Kommen wir noch mal kurz zu den alten Griechen, da gibt's noch einen, der nennt sich Aristoteles. Und der hat etwas gesagt, das dem einzigen Mantra in meinem Leben sehr nah kommt: »Das Glück gehört denen, die sich selbst genügen.«

Seit einigen Jahren lautet mein Mantra: »Wenn ich mir genüge, genüge ich.« Klingt total einfach, ist es aber gar nicht. Sich selbst zu genügen, bedeutet auch radikale Ehrlichkeit – und das ist gar nicht easy, denn wir bescheißen uns selbst nur allzu gern. Es lohnt sich aber total, dem nachzugehen, denn so kommen wir zu echter Zufriedenheit.

Für mich bedeutet Reichtum, mutig zu sein, das zu tun, was mich zufrieden macht. Wer nicht mutig ist, bleibt oft hechelnd im Hamsterrad zurück, weil vieles dann doch auf der Strecke bleibt. So viele Möglichkeiten, so viel Überforderung – ja, mag sein, aber ich finde rausspringen und sich vielleicht blutige Knie holen um einiges attraktiver, als immer im selben Trott dahinzudümpeln.

Gleichzeitig ist es aber natürlich wichtig, dass wir uns nicht verrennen und unsere Ziele realistisch betrachten. Ich raste ja aus, wenn erfolgreiche Menschen sagen: »Glaub an deine Träume, du kannst alles erreichen.« Das ist, sorry für die Wortwahl, Bullshit. Da fehlt nämlich ein entscheidender Teil: »Glaub an deine Träume, du kannst alles erreichen, wenn du dich auf deinen süßen Popo setzt und etwas dafür tust, wenn du dir ein Netzwerk aufbaust aus Menschen, die dich lehren und unterstützen, und wenn du tatsächlich auch einen Funken Glück hast.«

Wir haben bei Weitem nicht alle die gleiche Ausgangslage, und ja, das ist ungerecht. Es bringt aber nichts, uns deswegen in Selbstmitleid zu suhlen oder den Kopf in den Sand zu stecken. Schauen wir uns realistisch unseren Status quo an und schmieden einen Plan, wie wir unsere Lebenssituation verbessern können. Denn wenn wir gut leben, können wir Energien und Investitionen nutzen, um auch das Leben anderer positiv zu verändern.

WAS IST ÜBERHAUPT GELD?

Alles hat einen Preis. Sei es der Kaffee am Morgen, das U-Bahn-Ticket, die Schuhe, die ich trage, oder das Bett, in dem ich schlafe. Es gibt quasi nichts, was keinen Preis hat. Früher haben die Menschen Tauschgeschäfte gemacht, heute verwenden wir Geld, um Tauschgeschäfte zu machen. Wo das Geld wirklich seinen Ursprung hat, das wissen wir nicht, aber ein paar spannende Fakten aus der Vergangenheit kennen wir.

Mein Moderationskollege Dax Werner hat für unseren Spotify-Podcast »Man lernt nie aus« eine spannende Folge zum Thema Geld gemacht. Hier hat er mit Mark Schieritz gesprochen. Schieritz ist wirtschaftspolitischer Korrespondent bei der *Zeit* und sagt, dass Geld durch drei Funktionen definiert wird:

1. **Mit einem Geldschein können wir einkaufen gehen, er ist also erstens ein Zahlungsmittel.**
2. **Wir können unseren Geldschein aber auch zur Bank bringen, das macht ihn zweitens zu einem Wertaufbewahrungsmittel, einem Wertspeicher.**
3. **Drittens ist unser Geldschein eine Recheneinheit und hilft uns dabei, Dinge vergleichbar zu machen – wie viele Brötchen sind ein Brot? Oder: Wie viele Hühner sind eine Kuh?**

Geld ist eine gemeinsame Einheit, über die wir Tauschgeschäfte effizienter abwickeln können. Bevor Geld im Umlauf war, stelle ich mir das Ganze in etwa so vor: Ich möchte total gern einen Fellmantel von dir. Dafür habe ich fünf richtig gute Säcke Weizen. Du brauchst aber keinen Weizen, sondern willst Stoff für neue Kleidung. Also muss ich erst mal jemanden finden, der meinen Weizen gegen Stoff tauscht. Nun komme ich vielleicht nicht direkt an den guten Stoff, sondern habe vielleicht folgendes Szenario: Weizen gegen Huhn, Huhn gegen Messer, Messer gegen Schnaps, Schnaps gegen Stoff – und finally Stoff gegen meinen Traummantel. Juhu! War also bestimmt oft ganz schön kompliziert. Geld als gemeinsame Einheit hilft also, die Tauschwirtschaft zu vereinfachen.

Vor mehr als 20.000 Jahren, so vermutet man, zahlten unsere Vorfahren in Westeuropa mit kleinen Steinbeilen. Die Bewohnerinnen der Fidschi-Inseln haben die Waffen lieber für echte Kämpfe eingesetzt und Pottwale erlegt – die Zähne der Wale verwendeten sie dann als Zahlungsmittel. In Indien und Teilen Afrikas warst du vor etwa 4000 Jahren richtig reich, wenn du viele Gehäuse von Kaurischnecken besessen hast – Kaurigeld war hier der Hit und überdauerte vor dem Münzgeld Jahrhunderte. Nicht nur das Gehäuse der Kaurimuschel, auch andere Muschelarten wurden als Währung verwendet. Natürlich war nicht jede schnöde Strandmuschel als Währung geeignet, sonst hätten sich hier alle eifrigen Sammlerinnen eine goldene Nase verdient. Selten musste die Muschel sein, die Inflation wurde also von der Natur geregelt. Die Frauen sammelten Muscheln, die Männer bohrten Löcher und fädelten sie auf – Muschelketten und Gürtel kamen nicht nur bei gewöhnlichen Tauschgeschäften, sondern beispielsweise auch bei der Hochzeit zum Einsatz. Na ja, genau genommen war eine Heirat früher auch ein Tauschgeschäft zwischen zwei Familien oder auch Stämmen …

Wann kam es nun aber zum ersten Einsatz von Münzen? Das war vor etwa 2700 Jahren im Westen der heutigen Türkei. Die Menschen schlugen Goldklumpen flach und verpassten ihnen eine Prägung mit dem Stempel ihres Königs – so konnte man sicher sein, dass das Edelmetall echt ist. Diese Goldscheiben gelten als erste Münzen der Welt, und ihr Prinzip wurde in den folgenden Jahrhunderten im gesamten Mittelmeerraum nachgeahmt. Der Nachteil? Das Zeug ist sauschwer. Wolltest du einen Handel machen, musstest du erst mal säckeweise Geld schleppen (oder schleppen lassen). Kaufleute in China hatten darauf verständlicherweise so gar keinen Bock und gaben ihre Münzen daher bei der Regierung in Verwahrung. Dafür bekamen sie eine oder mehrere Quittungen aus Papier, die zur Bezahlung verwendet werden konnten. Die Banknote war geboren. Bis das Papiergeld in Europa eingesetzt wurde, sollte es noch weitere 600 Jahre dauern.

Gefälscht wurde übrigens auch schon immer: Die Azteken verwendeten Kakaobohnen als Zahlungsmittel. Sagen wir, einen Kürbis bekam man für 5 Bohnen, einen Sklaven für 100. Gewitzte kleinkriminelle Azteken ließen also normale Bohnen in Wasser aufquellen, bis sie die Größe von Kakaobohnen angenommen hatten. Diese Bohnen wurden dann gefärbt, bis sie täuschend echt aussahen. Dann einfach schnell 5 Sklaven kaufen und 35 falsche Bohnen in Umlauf bringen – fällt kaum auf.

Geld hat sich über Jahrtausende zu dem entwickelt, was es heute ist, und es verändert sich auch in Zukunft weiter. Wichtig war immer, dass Geld seinen Wert behält. Alles, was verderblich war oder wie Vieh gepflegt werden musste, war als Allgemeinwährung ungeeignet. Also hat man versucht, die Kaufkraft des Geldes durch das Material zu erhalten: Münzen bestanden beispielsweise aus Gold oder Silber. In manchen Regionen wurden Knochen verwendet, oder Salz wurde zu Barren gepresst.

Heute haben unsere Scheine und Münzen kaum noch Materialwert, wir müssen also darauf vertrauen, dass unser Geld seinen Wert behält. Die Zentralbanken schützen diesen Wert und sorgen für Preisstabilität. Im Euroraum sind es die Deutsche Bundesbank sowie die anderen Zentralbanken, die mit ihrer Geldpolitik den Wert und somit unser Vertrauen in den Euro sichern. Nur die Bundesbank darf Euro-Banknoten und Euro-Münzen in Deutschland in Umlauf bringen. Sie sorgt auch dafür, dass Falschgeld aus dem Verkehr gezogen wird, überwacht einen reibungslosen Zahlungsverkehr und ist als Teil der europäischen Bankenaufsicht dafür zuständig, die Geschäfte der Banken im Blick zu behalten.

Neben dem offiziellen Geld, also den Währungen in allen Ländern, gibt es immer noch private Vereinbarungen, die als Tauschmittel, Recheneinheit und Wertspeicher dienen können. Das sind beispielsweise Gutscheine, regionale Zahlungsmittel oder sogenannte

Krypto-Währungen wie der Bitcoin. Hier steckt keine staatliche Institution dahinter, die diese Zahlungsmittel überwacht. Zwar beobachten die staatlichen Zentralbanken solche Zahlungsmittel, stehen aber im Ernstfall nicht dafür gerade. Daher ist Vorsicht geboten, wenn ihr hier investiert. Gerade Krypto-Assets sind als beständiger Wertspeicher ungeeignet, weil sie starken Preisschwankungen unterliegen und somit genau beobachtet werden sollten.

TOMATEN AUF DEN AUGEN – ODER: DER MARKT REGELT DAS SCHON

Man hört häufig, »der Markt regelt das schon«. Aber was bedeutet das eigentlich, und wer ist eigentlich der Markt? Zuerst einmal: *Den* Markt, so ganz allgemein gesprochen, gibt es nicht. Was es jedoch gibt, sind Märkte. Und auf diesen Märkten wird wie bei einem klassischen Gemüsemarkt auch Ware zum Kauf oder Tausch angeboten.

Will ich also richtig aromatische, rot leuchtende Tomaten kaufen, dann gehe ich auf den Markt, von dem ich weiß, dass er die besten Tomaten hat. Dort kosten normalerweise 500 Gramm etwa 1,79 Euro. Heute ist auf meinem Markt besonders viel los. Nicht nur ich habe richtig Gusto auf leckere Tomaten, nein, scheinbar sind alle anderen mit demselben Wunsch am Start. Auf dem Markt ist heute nur ein Stand, der Tomaten anbietet. Eine lange Schlange hat sich schon gebildet, und plötzlich wischt die Verkäuferin die 1,79 Euro von der Tafel und schreibt 2,79 Euro drauf. Bitte was?! Frechheit! Nur sehr wenige Menschen verlassen die Schlange. Alle anderen bleiben – wir wollen schließlich Tomaten! Wo anders bekommen wir sie heute nicht.

Was ist geschehen? Das Angebot ist in der Menge gleich, nämlich immer noch 500 Gramm. Die Nachfrage bleibt ebenfalls bestehen, jedoch wird der Preis erhöht. Die Verkäuferin macht mehr Umsatz. Angebot und Nachfrage sind ausgeglichen. Der Markt bleibt im Gleichgewicht.

Unsere Verkäuferin ist ganz schön beseelt von ihrem Erfolg und setzt noch eine Schippe drauf. Sie erhöht den Preis auf 3,79 Euro. Jetzt reicht's, denken sich viele und verlassen genervt die Schlange. Sie wollen oder können sich die Tomaten nicht mehr leisten. Die Nachfrage sinkt. Die Verkäuferin verdient durch den erhöhten Preis weiterhin genauso viel wie vorher, obwohl weniger Tomaten über den Ladentisch wandern. Der Markt hat zwar reagiert, sich aber auf einem neuen Level eingependelt.

Nun treibt unsere Tomatenlady es noch weiter. Sie erhöht den Preis auf unverschämte 4,79 Euro. Nun fallen selbst die Kunden weg, die bisher noch Tomaten auf den Augen hatten, was den Tomatenpreis anging. Der Markt bricht ein. Ohne Käuferinnen keine Nachfrage und ohne Nachfrage kein Markt.

Wir Kundinnen sind wütend und steigen auf Dosentomaten um. Die Marktfrau setzt den Preis zwar schnell wieder zurück auf 3,79 Euro, aber deutlich weniger Kundinnen kommen zu ihr zurück. Der Markt hat sich Alternativen überlegt. Um ihre Kundinnen zurückzugewinnen, muss sie also alles anbieten, was geht. Sie setzt kurzerhand den Preis der Tomaten zurück auf 1,79 Euro und hat für die ersten zehn Käuferinnen des Tages ein 2-für-1-Angebot. Langsam kommt ihre Kundschaft zurück, und der Markt pendelt sich auf einem niedrigen Niveau wieder ein.

So oder so ähnlich funktioniert das auch bei Aktienkursen und allen anderen Investments. Der Preis steigt, solange es eine Nachfrage für das Produkt gibt. Je teurer das Produkt wird, desto mehr Investorinnen steigen aus, da sie mit dem Preis nicht mithalten können. Verzichten also viele darauf, weiterhin zu investieren, dann fällt der Preis weiter. Wird ein Preis zu lange exzessiv nach oben getrieben, kann es zu einem Crash kommen. Das passiert, wenn einerseits viele nicht mehr in der Lage sind, zu diesem Preis mitzuhalten, und andererseits die Leute, die Geld investiert haben, die perfekte Gelegenheit wittern, um zu verkaufen. Wir haben zwar viel teure Ware auf dem Markt, aber da ist kaum noch jemand, der sie sich leisten kann. Bestes

Beispiel sind momentan die horrenden Immobilienpreise – ich hoffe sehr, dass diese Blase bald platzt.

Gehen wir zurück auf unseren Gemüsemarkt. Um 10 Uhr taucht eine zweite Tomatenverkäuferin auf, die sogar Gurken dabei hat. Was bisher ein Monopolmarkt war (da nur eine Anbieterin), wird nun zum Polypolmarkt (viele Anbieter). Ab jetzt hat es die Verkäuferin nicht mehr so leicht, ihre Ware einfach so zu bepreisen, wie sie das gern will. Natürlich kann sie es trotzdem noch machen, allerdings haben wir Kundinnen jetzt eine direkte und unmittelbare Alternative. Setzt die Tomatenlady den Preis nun also nach oben und ihr Gegenüber tut dies nicht, dann verkauft sie wahrscheinlich nur eine Handvoll Tomaten.

Nun ist unsere Verkäuferin in einer Situation, in der sie permanent reagieren muss, um weiterhin die erste Wahl der Marktbesucherinnen zu sein. Sie benötigt also die bessere Ware und/oder den besseren Preis. Auch die Position ihres Standes kann entscheidend sein und welche Erfahrungen ihre Kundschaft bisher mit ihr gemacht hat (Rating).

Am liebsten würde unsere Verkäuferin morgens einfach zu ihrer Konkurrentin hinübergehen und mit ihr einen Preis vereinbaren, zu dem *beide* ihre Ware anbieten. Solche direkten Absprachen sind in Deutschland jedoch strafbar, da sie den Markt beeinflussen.

Ihr bleibt also nichts anderes übrig, als sich ihren Einkaufspreis anzusehen und ihn mit dem Preis ihrer Konkurrentin zu vergleichen. Sie beobachtet also den Markt. Zieht ihr Gegenüber den Preis nach oben, kann sie ebenfalls mitgehen, geht es runter, muss sie eventuell den Preis herabsetzen. Außer, sie findet einen anderen Weg, ihre Ware besser bei den Kundinnen zu positionieren, beispielsweise durch die Qualität ihrer Tomaten, eine zusätzliche Sorte, freundlichen Service etc.

Die Person, die den Preis auf dem Markt vorgibt, ist in der Regel Marktführerin. Sie bestimmt, wie sich der Preis entwickelt. Beginnt ein Preiskampf unter dem gesunden Marktniveau, also unter dem Preis, zu dem sich ein Verkauf gerade noch finanziell lohnt, kann es sein, dass Anbieterinnen aus dem Markt ausscheiden, weil sie preislich nicht nachziehen können. Irgendwann steigen die Preise wieder, und auch hier reguliert sich der Markt wieder von allein.

Tomaten laufen in diesem Jahr wie geschnitten Brot (und schmecken auch hervorragend auf ebendiesem). Unsere beiden Verkäuferinnen haben keine Probleme, gut von ihren Erträgen zu leben. Begeistert berichten sie anderen von diesem tollen Leben im Tomatenbusiness. Das motiviert nun auch weitere Menschen, sich durch Tomaten ein rosarotes Leben aufzubauen. Immer mehr Verkäuferinnen mieten sich auf dem Markt ein. Zu Beginn merken unsere zwei alteingesessenen Ladies noch nicht sonderlich viel davon. Aber die Marktbetreiberin freut sich: Der Markt ist nicht nur ausgebucht, nein, es werden sogar mehr Stände als sonst vermietet. Es kommen außerdem noch mehr Kundinnen, um die besten Tomaten zu ergattern.

Jetzt hat auch die Marktbetreiberin Sugo geleckt und wird gierig: Sie weitet die Stände auf die Seitenstraßen und den anliegenden Parkplatz aus. Immer mehr Menschen wollen auf diesem Markt verkaufen, sodass die Betreiberin ihren wahnsinnigen Erfolg kaum fassen kann. Sie überlegt, wie sie den Gewinn weiter maximieren kann, und stellt nun sogar Stände auf dem angrenzenden Schulhof auf. Unser Markt hat inzwischen so viele Verkäuferinnen, dass sie sich preislich stark unterbieten müssen, um überhaupt noch auf einen grünen Tomatenzweig zu kommen. Verzweifelt mischen sie Tomaten vom Vortag unter ihre frische Ware, um ihre Verluste zu minimieren. Außerdem hoffen sie, durch aggressive Preispolitik ihre Konkurrentinnen verdrängen zu können. Dafür sind sie sogar gewillt, für eine kurze Zeit Verluste zu machen, sprich: in eine negative Gewinnzone zu gehen.

Angetrieben von dem Gedanken an die glorreiche Vergangenheit und die großartigen Erfolgsgeschichten der beiden ersten Verkäuferinnen will niemand aus dem Markt ausscheiden. Alle setzen darauf, dass die anderen bald aufgeben, sie selbst als Gewinnerinnen zurückbleiben und durch den Tomatenverkauf ebenfalls ein wundervolles Leben haben werden. Sie gehen sogar Deals mit der Marktbetreiberin ein und bitten sie darum, ihre Miete zu stunden. Schulden häufen sich bei einigen Marktständen an. Unsere Marktbetreiberin sieht nur den Gewinn und hat den Markt selbst vollkommen aus den Augen verloren. Mit Tomaten auf und Eurozeichen in den Augen investiert sie weiter in neue Stände. Sie geht davon aus, dass die aktuelle Situation nur eine Phase ist – sicherlich zahlen die Verkäuferinnen ihre Schulden bald zurück, denkt sie. Doch weit gefehlt. Die Situation ist für unsere Tomatenladies nicht mehr tragbar. Sie müssen aufgeben. Eine nach der anderen. Wie Dominosteine klappt das System zusammen. Die Blase platzt.

Die Verkäuferinnen melden Insolvenz an, die Marktbetreiberin bleibt auf den Ständen und den Kosten sitzen. Alle verlieren Geld. Der Markt ist kaputt. Wollen wir nun Tomaten kaufen, dann finden wir nur noch verschimmelte Überreste an leer gefegten Ständen.

Nach kurzer Zeit traut sich eine neue Verkäuferin auf den Markt. Sie ist sich sicher, dass es nach wie vor eine Nachfrage nach Tomaten geben muss. Also überredet sie die Marktbetreiberin, ihr einen Stand zu vermieten. Die Betreiberin ist finanziell geschwächt und durch die schlechten Erfahrungen skeptisch geworden. Sie willigt schließlich ein, aber nur, wenn für den Stand ein deutlich höherer Mietpreis gezahlt wird. Die neue Verkäuferin stimmt trotzdem zu. Sie versucht also, ihre Tomaten zu einem akzeptablen Marktpreis anzubieten. Die Kundinnen kommen nur sehr langsam. Die Lust auf Tomaten ist ihnen gehörig vergangen, erinnern sie sich doch noch an die vergammelten Reste an den zuletzt trostlosen Ständen. Der Markt erholt sich, wenn auch nur langsam, und baut sich Stück für Stück wieder auf.

Genauso, wie es unseren Tomatenverkäuferinnen geht, geht es auf vielen Märkten tatsächlich zu. Der Immobilienmarkt ist ein sehr gutes Beispiel dafür, wie es in der Realität ablaufen kann. Sieh dir also vor jedem Investment an, wie der Markt sich in den letzten Jahren entwickelt hat und was getan wurde, um den Markt immer weiter wachsen zu lassen. Erkennst du Stände auf Behindertenparkplätzen oder Schulhöfen, dann renn und bring dein Geld in Sicherheit.

WARUM ES NIE ZU SPÄT IST

Wenn wir investieren, dann wollen wir entweder bestehende Vermögenswerte bewahren oder sie im besten Fall vermehren. Das funktioniert mit Versicherungen, aber auch mit sogenannten monetären Investments wie beispielsweise Aktien oder Gold. Das nennt man dann Anlageklasse. Eine Anlageklasse ist immer eine Gruppe von Anlagen mit gemeinsamen Merkmalen, beispielsweise eben Aktien oder Gold (zählt zu Rohstoffen), aber auch Immobilien oder Anleihen.

Liegt dein Geld auf dem Sparbuch, dann arbeitet es mittlerweile nicht mehr für dich, sondern dank der Inflation fast schon gegen dich. Es wird sich nicht vermehren. Wenn wir investieren, dann machen wir im Grunde nichts anderes, als anderen Geld zu leihen, damit die mit unserem Geld arbeiten können. Dafür bekommen wir einen Bonus, Zins oder einen Wettgewinn. Denn ganz einfach betrachtet, wetten wir darauf, dass das Unternehmen, das mit unserem Geld arbeitet, Erfolg haben wird. Ist dem so, dann bekommen wir für unser Vertrauen mehr Geld zurück, als wir eingesetzt haben. Und je höher das Risiko bei der Wette, desto mehr bekommen wir am Ende ausgezahlt.

Klingt megaanstrengend und unsicher? So schlimm ist es nicht, wir sollten uns nur etwas auskennen und nicht blind drauflosinvestieren oder uns irgendeinen Quatsch andrehen lassen.

Hier ein Beispiel:

Ich kaufe eine Apple-Aktie zu einem Euro. Damit gehört mir jetzt quasi ein Miniteil der Firma. Apple arbeitet an einem neuen Macbook. Es wird megagut vom Markt angenommen. Alle wollen sie jetzt das neueste Macbook haben. Apple macht also richtig schön Umsatz, und noch mehr Menschen wollen einen Teil von Apple besitzen. Der Marktpreis für die Aktie verschiebt sich von einem auf zwei Euro. Wir machen also 100 Prozent Gewinn, wenn wir unsere Aktie jetzt verkaufen.

Das passiert selten, aber es zeigt symbolisch, wie wir Gewinn an der Börse machen können. Das funktioniert ebenfalls mit Gütern wie beispielsweise Lebensmitteln oder Immobilien. Man wettet in dem Moment darauf, dass auch hier der Wert zwischen Einkauf und Verkauf steigt. Moralisch ist das teilweise fraglich, worauf wir später im Buch noch eingehen werden.

Und ja, je früher wir unser Geld anlegen, desto besser. Warum? Weil die Dinge, in die wir investiert haben, Zeit haben, zu wachsen und erfolgreich zu werden. Apple ist nicht über Nacht zu dem Unternehmen geworden, das es heute ist. Wer also schon früh clever und mit etwas Glück investiert hat, könnte sich heute ein goldenes Näschen verdient haben. Aber auch wenn du noch nicht investiert hast, ist ein späterer Start besser als gar keiner. Investiertes Geld wird über die Zeit immer mehr. Das nennt man Zinseszins. Dazu kommen wir gleich, gebt mir noch ein paar Seiten zum Ausholen …

HAUPTSACHE, BRÖTCHEN BACKEN – INFLATION UND DEFLATION

Ich wiederhole mich gern: Noch wichtiger, als früh anzufangen, ist, überhaupt anzufangen. Deshalb mach dir bloß keinen Stress oder, noch schlimmer, Vorwürfe, wenn du bisher nichts gemacht hast. Alles, was nicht passiert ist, kannst du sowieso nicht mehr ändern. Aber für die Zukunft kannst du immer, egal zu welchem Zeitpunkt und in welchem Alter, vorsorgen. Denn: An jedem Tag, an dem wir nichts tun, verlieren wir Geld. Das Geld, das auf unseren Konten liegt, ist von der Inflation am stärksten betroffen. Normalerweise liegt die Inflation in Deutschland zwischen 2 und 3 Prozent. Aktuell sind wir bei 5 Prozent!

Was genau bedeutet aber Inflation? Inflation ist das Verhältnis deines Geldes zu Waren, und sie beschreibt, wie viel mehr oder weniger im Vergleich zum Vorjahr du dir leisten kannst. Wenn wir also zum Bäcker gehen und 2021 ganze 20 Schrippen (ja, wir Berliner sagen

Schrippen, es dürfen natürlich auch Semmeln, Brötchen, Weckle oder sonst was sein ...) in unserer Tüte landen, dann sind es ein Jahr später zum selben Preis vielleicht nur noch 19. Schwupps, die Inflation hat zugeschlagen. Inflation ist also im Grunde nichts anderes als ein Verlust des Geldes. Sehen wir uns das mal in einem Beispiel an:

Jahr	Kaufkraft Jahresbeginn	Inflationsrate	Betrag vor Investment
2021	100,00 €	2%	98,00 €
2022	98,00 €	2%	96,04 €
2023	96,04 €	2%	94,12 €
2024	94,12 €	2%	92,24 €
2025	92,24 €	2%	90,39 €
2026	90,39 €	2%	88,58 €
2027	88,58 €	2%	86,81 €
2028	86,81 €	2%	85,08 €
2029	85,08 €	2%	83,37 €
2030	83,37 €	2%	81,71 €
2031	81,71 €	2%	80,07 €

Anschaulicher geht es kaum. Liegen 2021 also 100 Euro auf unserem Sparbuch, so sind diese elf Jahre später nur noch 80 Euro wert – nicht cool.

Nun gibt es da draußen ziemlich viele Warengruppen wie beispielsweise Lebensmittel, Energie oder Mobilität. All diese Gruppen haben unterschiedliche Inflationen. Gemessen wird die Inflation an einem imaginären Warenkorb eines deutschen Durchschnittshaushalts. In unserem Warenkorb liegen dann so Dinge wie Nahrungsmittel, Hobbies, Gesundheitsprodukte, aber auch Wasserverbrauch oder Gas. Das wird alles addiert und ergibt den sogenannten Verbraucherpreisindex.

Ganze 650 Güterarten (also Waren und Dienstleistungen) packt das Statistische Bundesamt regelmäßig in unsere imaginären Warenkörbe und vergleicht monatlich bzw. jährlich die durchschnittliche Preisentwicklung (denkt an unsere 20 Schrippen!). Die Veränderung des Verbraucherpreisindex zum Vorjahresmonat bzw. zum Vorjahr bezeichnet man als Inflationsrate.

Und dann gibt es im Gegensatz zur Inflation die sogenannte Deflation. Ja, ihr habt richtig mitgedacht: Das ist, wenn unser Geld *mehr* wert ist als im Vorjahr. Leider passiert das sehr selten. Schade Schokolade, werdet ihr denken, aber die Deflation ist gar nicht gut für unsere Wirtschaft. Auf dem Markt sind bei einer Deflation mehr Waren vorhanden, als es Käufer gibt. Die Waren werden billiger, weil das Angebot größer ist als die Nachfrage. So weit, so gut. Klingt doch nicht schlecht, wenn ich meine Nike Air Force 1 (für alle Nicht-Sneaker-Fans: Das ist ein Turnschuh) billiger bekomme?! Hier denken wir zu kurz. Während wir uns also vielleicht über billigere Turnschuhe freuen, verdient Nike nicht mehr so viel wie erwartet. Das führt weiterhin dazu, dass sie weniger und wahrscheinlich günstiger produzieren, worunter die Qualität leiden kann. Wenn sie weniger produzieren, brauchen sie auch nicht so viele Mitarbeiter, denn die sind teuer. Entweder werden also Menschen entlassen oder Löhne gesenkt. Und der Staat bekommt insgesamt bei einer Deflation auch weniger Geld, weil weniger Steuern gezahlt werden. Im schlimmsten Fall geschieht, was auf unserem Tomatenmarkt passiert ist.

Viele meiner Freundinnen haben sich in letzter Zeit beschwert, dass das Essen in Restaurants teurer geworden ist. Das kann ich nicht nachvollziehen. Wenn mein Eierreis jetzt 9,90 Euro statt 7,90 Euro kostet und mein Lieblings-Asiate so überlebt, dann zahle ich das mit Freuden. Das ist vielen nicht bewusst, es geht (gerade bei der momentanen Corona-Pandemie) bei vielen ums nackte Überleben des eigenen Geschäfts. Macht euch klar, dass Preissteigerungen nicht immer etwas Schlechtes sind. Viel schlimmer wäre es doch, wenn in meinem Kiez, in dem ich mich wirklich um die halbe Welt futtern kann, plötzlich ein Restaurant nach dem anderen schließen müsste. Das wäre die echte Katastrophe – nicht nur für meinen Gaumen, sondern auch für die Wirtschaft.

Also halten wir fest: Inflation ist doof, wenn wir Geld auf dem Konto versauern lassen. Inflation entsteht, wenn die Nachfrage größer ist als das Angebot, wenn Rohstoffe knapp und teurer werden oder Löhne steigen. Damit die Unternehmen weiterhin Gewinne einfahren, geben sie diese Preissteigerung an uns Konsumentinnen weiter.
Auch wenn die Zentralbanken die Geldmenge erhöhen, indem sie einem Staat mehr Geld zukommen lassen, steigt die Inflationsrate. Denn: Wo es mehr Geld gibt, kann auch mehr Geld ausgegeben werden. Die Nachfrage steigt, und damit steigen auch die Preise.

Was ist jetzt aber mit dem Geld auf dem Konto? Was machen wir damit? Eine gute Möglichkeit, um der Inflation entgegenzuwirken, ist die Investition in eine renditeträchtige Geldanlage. Die Rendite ist der Betrag, den euer angelegtes Kapital in einem bestimmten Zeitraum bringt.

Also starten wir die Motoren, parken das Geld auf unserem Sparbuch oder Tagesgeldkonto aus und düsen beispielsweise rüber zu einem Aktienfonds. Der ist nämlich erfahrungsgemäß besonders über einen langen Zeitraum hinweg besser in der Lage, der Inflation auf die Finger zu klopfen. So bleibt nicht nur das ganze Geld bei uns (wir erinnern uns an die 100 Euro), im besten Fall vermehrt es sich also noch. Schauen wir uns das auch wieder genauer an:

Jahr	Kaufkraft Jahresbeginn	Inflations-rate	Betrag vor Investment	Rendite	Geldwert
2021	100,00 €	2%	98,00 €	6%	103,88 €
2022	103,88 €	2%	101,80 €	6%	107,91 €
2023	107,91 €	2%	105,75 €	6%	112,10 €
2024	112,10 €	2%	109,86 €	6%	116,45 €
2025	116,45 €	2%	114,12 €	6%	120,96 €
2026	120,96 €	2%	118,55 €	6%	125,66 €
2027	125,66 €	2%	123,15 €	6%	130,53 €
2028	130,53 €	2%	127,92 €	6%	135,60 €
2029	135,60 €	2%	132,89 €	6%	140,86 €
2030	140,86 €	2%	138,04 €	6%	146,33 €
2031	146,33 €	2%	143,40 €	6%	152,00 €

Und was erkennen wir? Unsere 100 Euro sind auf einmal nach 11 Jahren 152 Euro wert. Wir haben keine 20 Euro verloren, was passiert wäre, wenn wir das Geld auf dem Konto gelassen hätten, sondern wir haben ganze 52 Euro gewonnen (und die Inflation ist hier schon eingerechnet).

So, und jetzt lernen wir noch einen Begriff, der hier wichtig ist und den ich vorhin schon angekündigt habe: Zinseszins.

DER ZINS AUF DEN ZINS

Wenn wir also 100 Euro über 11 Jahre anlegen und 152 Euro herausbekommen, dann war hier nicht nur die Rendite ausschlaggebend, sondern auch der sogenannte Zinseszins. Das ist der Zins auf den Zins, genau wie das Wort es sagt.

Los geht's, hier wieder ein Beispiel:

Nehmen wir wieder unsere 100 Euro als Grundlage. Habe ich 6 Prozent Rendite (ohne Inflation), dann habe ich nach Zeitraum X (z.B. einem Jahr) 106 Euro. Ich lege es danach wieder an. Für den nächsten Zeitraum X (also wieder ein Jahr) ist die Basis nicht mehr 100 Euro, sondern 106 Euro.
Und jetzt kommt der springende Punkt: Die 6 Prozent Rendite werden auf den neuen Gesamtbetrag gerechnet, also auf die 106 Euro. Und somit erhalten wir nicht mehr nur 6 Euro extra (weil 6 Prozent) sondern 6,36 Euro und landen damit bei 112,36 Euro. Wir steigern also den Wert unserer Investition zu jedem Zeitraum immer um die eigentliche Rendite *plus* die Rendite, die wir erhalten, weil wir auch unseren Gewinn investieren. Jeder Tag ist also ein gewonnener Tag, wenn wir wollen, dass unser Geld für uns arbeitet.

Jede von uns kann Investorin sein. Das Beispiel mit den 100 Euro zeigt, dass wir dafür nicht »reich« sein müssen. Auch mit kleinen Beträgen erreicht ihr mehr als mit jedem Euro auf dem Sparbuch. Oft wird gesagt, du kannst ab einem Euro beginnen zu investieren. Das stimmt in der Theorie auch. Aber die zu zahlenden Gebühren sind dazu unverhältnismäßig. Aber wie wäre es mit einem Euro am Tag, also 30 Euro im Monat? Ein Coin pro Tag für Coin Stress im Alter.

Für wenig Geld gibt es bereits Sparpläne für die unterschiedlichsten Anlagegruppen. Und das 100-Euro-Beispiel zeigt auch, dass man mit einem kleinen Betrag einen deutlichen Unterschied erzielen kann. Jeder Cent ist von der Inflation betroffen. Also: her mit den Coins.

Alles, was ihr investieren könnt, nachdem ihr eure Lebenshaltungskosten abgezogen und euch einen »Notgroschen« angespart habt, solltet ihr in etwas investieren, was euch langfristig euren Vermögenswert sichert oder im besten Fall erhöht.

WELCHER FINANZTYP BIST DU?

Wir alle sind verschieden, haben unterschiedliche Werte und Vorstellungen und leben ein eigenes Leben. Und so gibt es auch verschiedene Finanztypen. Um also das eigene Finanzleben besser zu verstehen, folgt hier eine Übersicht, welchem Typ du dich am ehesten zugeordnet fühlst. Wenn du also weißt, wer du bist, kannst du bessere Entscheidungen für dich selbst treffen und dich auch besser einschätzen.

Die Fokussierte

Hier kann ich sagen: Hallo, Mama. Meine Mutter ist auf jeden Fall ein fokussierter Typ. Sie ist unfassbar konsequent und perfekt organisiert, nicht nur im Alltag, sondern auch im Finanzbereich. Die Fokussierte hat ihre Ein- und Ausgaben immer im Blick und geht keine unnötigen Risiken ein.

Ein wachsender Kontostand gibt dir Sicherheit und Ruhe. Finanzplanung liegt dir, weil du genau weißt, was dir wichtig ist. Lieber legst du Geld zur Seite, als Impulskäufen nachzugehen. Weil du so kontrolliert bist, hast du oft Angst, deinen Kontostand durch falsche Entscheidungen sinken zu sehen.

Trau dich, dein Geld für dich arbeiten zu lassen. Lässt du es im Sparbuch oder auf einem Tagesgeldkonto, so verliert dein Erspartes mit der Zeit an Wert. Lege für dich fest, welchen Betrag ein Notgroschen für dich haben muss, den du immer zur Verfügung hast, um dich sicher zu fühlen. Mit dem Rest kannst du anfangen zu investieren. Inspiration en masse findest du in diesem Buch.

Die Freiheitsliebende

Dein Lebenslauf ist in den Augen vieler ungewöhnlich, denn für dich steht Selbstverwirklichung an erster Stelle. Du verfolgst deine Ideen und Wünsche, gehst dabei auch Risiken ein und arbeitest an deinem persönlichen Erfolg. Geld ist für dich ein Mittel, um dein Leben so leben zu können, wie du es willst, aber es steht nicht an erster Stelle. Vielmehr zeigt es dir, dass deine Arbeit wertgeschätzt wird und deine Ideen gut sind. Kreativität ist dein Antrieb.

Immer wieder beschleicht dich jedoch das Gefühl, dass du zu wenig für die Zukunft vorsorgst. Finanzielle Absicherung kommt zu kurz. Auch wenn es in deinen Augen furchtbar langweilig und unkreativ ist, mach dir bewusst, dass es im Leben manchmal Momente gibt, die finanziell alles verändern können. Um dich aber weiterhin selbstverwirklichen zu können, ist ein sicheres Finanzkonzept essenziell für eine Zukunft, in der du zufrieden leben kannst.

Die Vermeiderin

Du hast überhaupt keine Lust, über Geld nachzudenken. Entweder weil es dir relativ egal ist, solange du deine Kosten decken kannst, oder weil du überfordert bist vom Gedanken, deine Finanzen in die eigenen Hände zu nehmen. Du gibst Finanzielles gern ab und vertraust darauf, dass es schon jemand für dich regeln wird. Die Finanzwelt ist dir suspekt, deshalb lehnst du es ab, dich genauer damit auseinanderzusetzen.

Finanzen gehören zu einem selbstbestimmten Leben dazu. Uns macht vieles Angst, was wir noch nicht verstehen, deshalb lohnt sich die Auseinandersetzung mit dem Unbekannten. Dieses Buch wird dir zeigen, dass es kein Hexenwerk ist. Ich nehme dich gern an die Hand, und wir machen erste Babysteps im Finanzdschungel. So vermeiden wir, dass du beispielsweise unnötige Versicherungen abschließt oder anderweitig auf Angebote eingehst, die nicht zu dir passen. Triff eigenständige, durchdachte Entscheidungen.

Die Gönnerin

Gönn dir, ist deine Devise. Du belohnst dich ständig für irgendwas (hey, es gibt schließlich immer einen Grund!), liebst es, dich schön zu kleiden, gut zu essen und toll zu wohnen. Sparen kannst du eigentlich nur, wenn du es danach sofort wieder in etwas investieren kannst, was dir Freude macht. Du arbeitest hart für dein Geld, teilst es aber auch gern, indem du spendest oder Freunde einlädst.

Es geht dir finanziell gut, aber damit es so bleibt, ist Vorsorge wichtig. Materielle Dinge sind nice, aber sind wir mal ehrlich, Impulskäufe machen nur kurzfristig glücklich. Versuche, dich weniger durch materielle Dinge zu definieren, sondern echte, beständige Werte im Leben zu finden. Setz dich doch mal hin, und notiere alle Spaß-Ausgaben der letzten drei Monate. Was davon macht dir heute noch Freude? Diese Selbsterkenntnis kann ein erster Schritt für Veränderung sein. Wie willst du im Alter leben? Was solltest du dafür tun? Vorsorge ist kein Verzicht, sondern ein Gewinn.

F*CK YOU MONEY MINDSET

»Entscheide dich dafür, reich zu sein.«

Würg. Wenn ich so was lese, kommt mir ein kleines bisschen Banane vom Frühstück hoch … Natürlich ist unsere Einstellung zu Geld spannend und vielleicht auch wichtig, aber Plattitüden sind bestimmt nicht hilfreich.

Ich kann den Begriff »Money Mindset« nicht mehr hören, generell ist »Mindset« für mich so ein Unwort geworden. Überall im Internet, egal ob auf LinkedIn oder Instagram, hüpfen selbst ernannte Coaches herum, die aus dem Unwissen und den Ängsten von Menschen Kapital schlagen. Und weil sexy Begriffe scheinbar besser bei der Zielgruppe ankommen und vermeintliche Kompetenz vermitteln, werden sie inflationär benutzt, bis sie einem zum Hals heraushängen.

Natürlich gibt es tolle Coaches im Finanzbereich, die Expertinnen für die Materie sind und jahrelange Erfahrung haben. Die gehen nur leider in der Masse der selbst ernannten Menschenverbesserer unter und leiden über kurz oder lang unter deren schlechten Image mit.

Zurück zum Money Mindset – was ist denn aus der guten alten, ehrlichen Selbstreflexion geworden? Was ist überhaupt daraus geworden, sich selbst kritisch zu hinterfragen? Viel zu selten nehmen wir uns Zeit, um wirklich mal einen persönlichen Check zu machen, wo wir stehen, wer wir eigentlich wirklich sind und was wir überhaupt wollen.

Ständig werden wir abgelenkt: Zu viel Arbeit, während der Arbeit zu viel Prokrastination wegen Social Media und Co., zu viel Frustshopping wegen nicht getaner Arbeit, zu viel Netflix, um nach der Arbeit von der Arbeit abzulenken, und so dreht sich das Hamsterrad. Echte Zeit für einen selbst bleibt da selten – vor allem weil wir uns auch nur allzu gern davor drücken. Wenn wir uns nämlich nicht ständig berieseln, coachen oder verlocken lassen, dann kehrt eine Ruhe ein, die die meisten von uns erst einmal gehörig unruhig macht. Dann geht's nämlich an die Substanz. Wer bin ich ganz ohne Einflüsse von außen? Mag ich diese Person überhaupt? Oder noch krasser: Kenne ich sie?

Während ich hier sitze und dieses Buch schreibe, habe ich zum allerersten Mal in meinem digitalen Leben alle Social-Media-Kanäle von meinem Smartphone gelöscht. Nicht wegen des Buchs, sondern weil ich die Schnauze so gehörig voll davon hatte, dass uns die Online-Welt so dermaßen im Griff hat. Und was soll ich sagen – ich vermisse es kein Stück. Von Minute eins an ist diese Ruhe ein Segen

Keine Nachrichten, Kommentare, neuen Stories und Posts, die sekündlich aufpoppen. Keine Trolle, über die ich mich aufrege. Keine fremden Meinungen, die überall zu lesen sind, sondern einfach nur ich. Herrlich. Dieses Freiheitsgefühl habe ich mir über die letzten 12 Jahre allerdings auch hart erarbeitet, nachdem ich mit knapp 30 feststellen musste, dass ich mich selbst so überhaupt nicht kannte.

Trotz allem macht es mir Freude, Instagram und Co. zu nutzen, und deshalb werde ich die Programme auch nach ein paar Wochen wieder installieren. Ich nutze diese Kanäle aber mittlerweile in einer viel gesünderen Art und Weise, als ich es früher getan habe.

Was ich damit in erster Linie sagen will: Für ein Mindset benötigt ihr vielleicht erst mal ein Reset. Ruhe, den Fokus auf euch selbst, der ehrliche Blick nach innen. Keine supererfolgreichen Coaches, keine fancy Begriffe, die euch locken sollen, sondern einfach nur schnöde Selbstreflexion. Und dafür braucht ihr erst mal nur euch, vielleicht eine gute Therapeutin oder eine andere Expertin, aber kein 8-Wochen-Coaching aus dem Internet für Hunderte von Euronen. Und wenn ihr das macht, kommt das Mindset ganz von allein. Problematisch ist nämlich, dass euch andere ein vermeintlich erfolgreiches Mindset aufstülpen wollen. Aber nur Manifestationen zum eigenen Spiegelbild zu sagen, wird leider nicht reichen.

Deshalb mach doch einfach mal für die folgenden Fragen dein Handy aus oder leg es stumm geschaltet in einen anderen Raum. Schnapp dir einen Stift und los geht's.

Reflektiere dich selbst

KINDHEIT

Was ist meine erste Erinnerung an Geld?

Wie sprechen die Menschen, die mich geprägt haben, über Geld, wie ist ihre Einstellung zu Geld? Was davon habe ich übernommen?

Wer hat mir beigebracht, mit Geld umzugehen und wie? Was habe ich über Geld gelernt?

JETZT

Wie gehe ich mit Geld um?

Was bedeutet Reichtum für mich?

Ist monetärer Reichtum für mich fragwürdig?

Was ist meine Unterscheidung zwischen Reichtum und Wohlstand?

Verdirbt Geld den Charakter? Wenn ja, warum? Oder warum nicht?

Wie würde ich leben, wenn ich richtig viel Geld hätte?

Was mag ich an meinem Umgang mit Geld?

Was will ich in puncto eigenes Geldmanagement verbessern?

Wie hat sich mein Denken über Geld im Lauf der Jahre verändert?

Wie fühle ich mich, wenn eine größere Summe Geld auf meinem Konto liegt?

MORGEN

Wie soll meine finanzielle Zukunft aussehen?

Wie ist meine Lebensvorstellung? Wie viel Geld brauche ich dafür?

Stell dir vor, du hast deine finanziellen Ziele in der Zukunft erreicht, wie fühlst du dich?

Was gibt mir ein gutes Gefühl in Bezug auf Geld?

Time for Journaling: Male deine Ziele hier auf! Egal ob Handtasche oder Haus – oder beides …

SCHLAU
INVESTIEREN

Kluge Menschen suchen sich die Erfahrungen selbst aus, die sie zu machen wünschen.

ALDOUS HUXLEY

FINANZEN SIND FRAUENSACHE

Lange Zeit wurde Frauen eingetrichtert, dass Finanzen Männersache seien, sie nicht schlau genug dafür seien und sich aus Geldthemen heraushalten sollten. Tja, und jetzt haben wir den Salat. Auf dem Weg zu mehr Gleichberechtigung bleiben Frauen immer noch auf der Strecke. Auf den Gender-Pay-Gap (Frauen verdienen weniger als Männer) folgt der Gender-Pension-Gap, sprich: die Altersarmut. Warum haben Frauen im Alter weniger Geld? Schauen wir uns ein paar Zahlen und Fakten an: Kindererziehung und Familienmanagement sind nach wie vor der Hauptgrund dafür. Nur 31 Prozent[2] der Mütter steigen wieder Vollzeit in den Beruf ein. Die meisten sind entweder gar nicht mehr oder in Teilzeit beschäftigt. 49 Prozent der Frauen geben an, aufgrund familiärer Verpflichtungen wie eben Kindererziehung oder der Pflege von Angehörigen nur Teilzeit zu arbeiten. Im Gegensatz dazu sind es bei den Männern nur 11 Prozent, die diesen Grund nennen.[3]

Ich finde ja, dass jedes Paar, das sich dafür entscheidet, eine Familie zu gründen, und bei dem dann ein Elternteil zu Hause bleibt, eine Vorsorgeregelung treffen sollte. Bleibe ich zu Hause und manage Familienleben und Haushalt, dann steht mir ein »Gehalt« zu und auch eine private Vorsorge. Leider ist das alles andere als selbstverständlich. Nein, Care-Arbeit ist nach wie vor gratis, und viele stehen vor einem sehr teuren Scherbenhaufen, wenn die Beziehung in die Brüche geht und meistens die Frau das Nachsehen hat. Frage ich Bekannte und Freundinnen, wie sie das Thema Altersvorsorge in ihrer Familie geregelt haben, dann kommt meistens: Der Partner (Mann) sorgt vor. Und wenn ihr euch trennt? Dann bekomme man das schon geregelt. Leider sieht die Realität anders aus.

Es ist Fakt, dass mehr Frauen als Männer im Ruhestand ein zu geringes Alterseinkommen haben und auf finanzielle Leistungen vom Staat angewiesen sind – laut dem Statistischen Bundesamt waren es 2017 insgesamt 531.371 Menschen, darunter wesentlich mehr Frauen, die Anspruch auf die sogenannte Grundsicherung im Alter hatten.[4]

Meine Omi gehört auch dazu. Sie kam 1969 aus dem ehemaligen Jugoslawien nach Deutschland, um in einem Altersheim zu arbeiten. Sie war Pflegehilfe, im Speisesaal und in der Wäscherei. Ihre Rente besserte sie im heimeigenen Kiosk auf. Meine Oma wohnt mittlerweile bei meinen Eltern in der Nähe von Berlin, nach über 40 Jahren ist sie von Bayern zu uns gezogen und hat eine wunderschöne kleine Wohnung bei meinen Eltern im Haus. Schon immer hat sie in einfachen 1-Zimmer-Wohnungen gewohnt. Ich fand es als Kind ultraspannend, dass ihre »Küche« in einem Schrank war und ihr Bett hinter einem Vorhang in einer Nische. Als kleiner Stops für mich der beste Spielplatz ever. Jetzt hat sie die größte und schönste 1-Zimmer-Wohnung mit Ausblick auf den Garten, sie hat ihre Tochter und ihren Schwiegersohn jeden Tag um sich und ihre insgesamt neun (Ur-)Enkelkinder kommen regelmäßig zu Besuch.

Als ich dieses Kapitel schreibe, ist Weihnachten 2021. Am ersten Weihnachtsfeiertag, während die ganze Familienbagage unten frühstückt, setze ich mich mit meiner Omschi morgens an den Tisch. Ich erzähle ihr, dass ich gerade über Altersarmut schreibe, und frage sie zum ersten Mal in meinem Leben nach ihren Finanzen. Oma war 34 Jahre alt, als sie nach Deutschland kam, ganze 24 Jahre hat sie voll gearbeitet. Angefangen hatte sie mit 46 Stunden pro Woche, am Ende vor der Rente waren es noch 38,5. Sie bekommt aus Deutschland 570 Euro Rente und 90 Euro kroatische Rente. Das sind insgesamt 660 Euro für den eigenen Lebensunterhalt: Miete, Heizung, Wasser, Lebensmittel und und und. Dass das nicht ausreicht, muss ich uns, glaube ich, nicht vorrechnen.

Die monatliche Durchschnittsrente in Deutschland betrug im Jahr 2020 genau 989 Euro. Wer aber nur diese Zahl angibt, der verschließt die Augen vor dem Gender-Pension-Gap. Männer erhalten eine deutlich höhere Altersrente als Frauen. Im Jahr 2020 betrug laut Deutscher Rentenversicherung die durchschnittliche Zahlung bei Neurenten 1171 Euro (Männer) im Gegensatz zu 827 Euro bei den Frauen.[5]

Frauen erhalten also im Schnitt 344 Euro weniger Rente als Männer. Damit beträgt der Geschlechterunterschied etwa 29 Prozent – was eine noch größere Kluft darstellt, als wir sie beim Gehalt haben (ca. 19 Prozent). Was sagt uns das? Erst einmal ist das natürlich unfassbar ungerecht, und dieser Unterschied muss ausgemerzt werden. Es sagt uns aber auch, dass bei Frauen die gesetzliche Altersrente im Schnitt nicht ausreicht, um das eigene Leben bestreiten zu können. Wenn das gesamte monatliche Einkommen unter 823 Euro liegt, rät die Deutsche Rentenversicherung dazu, einen Anspruch auf die sogenannte Grundsicherung prüfen zu lassen. Den Antrag und auch Informationen dazu findet ihr bei eurem zuständigen Sozialamt. Ihr könnt ihn aber auch bei der Deutschen Rentenversicherung direkt stellen.

Zusätzlich zu ihren 660 Euro bekommt meine Oma 235 Euro Grundsicherung. Damit ist sie insgesamt bei 895 Euro. Und das ist der durchschnittliche Status quo bei Frauen, den wir uns alle einmal bewusst machen sollten in Deutschland.

Wenn es also um Frauen und Finanzen geht, ist Emanzipation wichtig. Als Frau will ich mich finanziell von niemandem abhängig machen. Das geht, ist aber gesellschaftlich noch lange nicht die Normalität.

Ich habe für die Recherche für dieses Buch gefühlt das »finanzielle Internet« ausgelesen (leichte Übertreibung). Wer mir begegnete, waren hauptsächlich (mittel-)alte weiße Männer in Anzügen. Eindringlich eingeprägt hat sich mir ein Magazin zum Thema Reichtum einer Privatbank. Das war so Klischee-Finanzwelt-Männlich, mehr geht nicht. Vorn im Heft waren die Experten abgebildet: Grau in Grau vor Grau. Grauer Anzug, graue Haare, gräulich unscharfer Hintergrund. Na gut, einer der Herren trägt eine rote Krawatte und steht gedankenversunken im winterlichen Rosengarten seines Anwesens – grauer Schal, ein Muss. Von Frauen keine Spur auf weiter Flur.

Im Gegensatz dazu geben sich die neuen, jungen Finanzcoaches auf Social Media etwas bunter. Sie präsentieren sich auf Instagram vorzugsweise mit einem teuren Auto (gern rot), einer hübschen Frau (gern langhaarig blond), auf dem grünen Rasen des Golfplatzes, in einer Gruppe mit lauter anderen Finanzcoaches (gern in blauen Anzügen oder Hemden) und nach oben gerecktem Daumen (Hautfarbe meist Alman-Weiß), auf der VIP-Tribüne im Fußballstadion (jeweilige Vereinsfarbe), wieder auf dem Golfplatz, dazwischen ein Bild mit einem kecken Spruch und natürlich immer wieder Daumen hoch, Daumen hoch, Daumen hoch.

Die Finanzwelt ist männerdominiert. Aber langsam wagen sich auch die Frauen auf dieses Terrain. Hoffentlich werden unsere Töchter weibliche Role Models haben, ich muss sie mir mühsam zusammensuchen. Wir sollten dringend mehr weibliche Vorbilder ins Licht rücken und supporten. Ich freue mich sehr darüber, dass unsere Gesellschaft immer mehr tolle Frauen in allen Bereichen hervorbringt. Frauen, die sich für die Rechte aller Frauen einsetzen, Frauen, die in Männerdomänen vorstoßen und sich behaupten müssen, und (Hallelujah!) Männer, die das unterstützen. Männer, die begriffen haben, dass Gleichberechtigung ihnen nichts wegnimmt, sondern ein Gewinn für alle Seiten ist. Gleichberechtigung ist kein Kuchen, bei dem Männer plötzlich ein Stück weniger abbekommen, sondern ein Schlaraffenland.

Machen wir uns kurz ein paar Daten und Fakten in puncto finanzieller Freiheit und Aufgeklärtheit bewusst:

- **Anfang der 1920er-Jahre verdiente eine Frau umgerechnet etwa 150 Euro brutto monatlich, der Durchschnittslohn lag bei rund 752 Euro im Monat (188 Reichsmark).[6]**

- **Eine Heirat gehörte zum normalen Lebensablauf dazu, es war das Ziel der meisten Frauen, »unter die Haube« zu kommen und einen Mann als Versorger zu haben.**

- **Frauen galten erst ab den 1960er-Jahren als geschäftsfähig, bis 1977 mussten sie allerdings ihren Ehemann noch um Er-**

laubnis bitten, arbeiten gehen zu dürfen. Der Mann entschied auch, wenn ein Job wieder gekündigt werden sollte.[7]

- **Die Zahl der Eheschließungen ist seit den 1930er-Jahren im Vergleich zum Anstieg der weiblichen Gesamtbevölkerung in Deutschland fast um 50 Prozent gesunken. Deutlich gewachsen ist die Scheidungsquote. Frauen sind zum Zeitpunkt der Scheidung heute im Durchschnitt 43 Jahre alt.[8]**

- **Laut Umfrage im Auftrag des Bankenverbands spart knapp ein Drittel aller Männer monatlich Beträge über 200 Euro, bei den Frauen sind es gerade einmal 40 Euro.[9]**

- **18 Prozent der Frauen investieren in Aktien, Aktienfonds oder Wertpapiere. Bei den Männern sind es 27 Prozent.[10]**

- **Heutzutage arbeiten mehr Frauen als früher. Was sich allerdings bisher wenig verändert hat, sind die Berufe, in denen Frauen beschäftigt sind, nämlich hauptsächlich Dienstleistungs-, Erziehungs- oder Pflegeberufe. Frauen sind Büroangestellte oder im Einzelhandel. Zum Glück nimmt der Anteil in Wissenschaft, Wirtschaft und Forschung zu, aber es wird noch lange dauern, bis hier wirklich Gleichstand herrscht.[11]**

»FINANZCOACHING FÜR FRAUEN« IST DAS NEUE »IN 14 TAGEN ZUR TRAUMFIGUR«

Wir haben also nicht nur einen Gender-Pay-Gap und einen Gender-Pension-Gap, sondern wir haben auch einen Gender-Bildungs-Gap, wenn es um Finanzen geht. Frauen sollen mehr über Geld sprechen, wird oft gesagt. Ja, nur wie soll man über etwas sprechen, das man nicht hat? Männer reden über Geldanlagen, ja, die wurden aber auch seit was-weiß-ich-wann darauf getrimmt, die Macher zu sein. Frauen hatten bis vor gar nicht allzu langer Zeit überhaupt keinen Grund, etwas über Geldanlagen zu wissen, weil man sie eh nicht hat machen lassen. Wir fangen quasi jetzt erst an, unsere eigenen Geldangelegenheiten zu managen.

Wir Frauen haben keine Historie an Vorbildern oder Finanzbildung. Was wir haben, sind Wissenslücken. Und die werden ausgenutzt. Von Finanzvermittlerinnen, Banken, Start-ups, Investmentgesellschaften. Frauen sind eine super Zielgruppe, wenn es um teure Versicherungen, Dienstleistungen und Co. geht. Und das oft, weil wir uns immer noch zu wenig selbst zutrauen und uns vertrauensvoll in die Hände vermeintlicher Expertinnen begeben – die uns nicht nach unseren Bedürfnissen beraten, sondern oft einfach nur verkaufen, um für sich einen möglichst hohen Gewinn zu erwirtschaften.

Die Sparkasse setzt bei Werbung auf Frauen, es gibt einen eigenen Podcast und eine Landingpage nur für Frauen, für finanzielle Freiheit und Gleichberechtigung. Klingt erst mal toll, aber ziemlich schnell wieder nach einem reinen Lippenbekenntnis, wenn man bedenkt, dass es bei 372 Sparkassen nach einer Analyse von Barkow Consulting nur 16 Chefinnen gibt.[12]

Die Comdirect Bank hat mit ihren Finanzheldinnen einen eigenen Vertriebskanal auf die Beine gestellt, zahlreiche Finanzexpertinnen bringen ihr Wissen an die Frau. Von den Finanzheldinnen gibt es mittlerweile auch einen Finanzplaner in Buchform (Katharina Bremer und Jessica Schwarzer: »Finanzheldinnen – der Finanzplaner für Frauen«), der sehr übersichtlich gestaltet ist.

Ich finde, den Fokus auf Frauen zu legen, super, auch meine Finanzcoachin Anja Jungbluth habe ich mir bewusst ausgesucht, weil ich eine Frau an meiner finanziellen Seite wissen will. Männer konzentrieren sich, wie ich finde, oft zu sehr auf männliche Bedürfnisse und können Frauenperspektiven schlechter greifen. Doch egal ob Männlein oder Weiblein, wenn du dich für eine Finanzberatung entscheidest, dann ist es gut, nicht ganz ahnungslos zu sein, dich nicht unter Druck setzen zu lassen, was Unterschriften angeht, und die Kosten im Blick zu behalten. Du solltest wissen, dass unabhängige Beraterinnen auf Honorarbasis arbeiten (was oft besser ist), abhängige Beraterinnen wie meine Anja eine Provision deiner Verträge einstreichen. Abhängige Beraterinnen sind an bestimmte Verträge gebunden, in meinem Fall ist Anja an die Deutsche Vermögensberatung angegliedert, die aber zum Glück ein recht breites Portfolio hat, sodass hier gute Auswahlmöglichkeiten bereitstehen.

Finanzcoaching für Frauen ist ein Geschäftsmodell geworden.

Die wahrscheinlich erfolgreichste Frau in dem Bereich nennt sich Madame Moneypenny. Sie hat die Zielgruppe Frauen früh erkannt und sich bestens aufgestellt: Social Media, Podcast, Buch, Beratung und mehr. Bei ihr gibt es unter anderem ein 8-Wochen-Mentoring. Der Preis? Laut Website folgender:

»Für das komplette Paket (inkl. ein paar Überraschungen) musst du mit einer Investition im mittleren 4-stelligen Bereich rechnen. Du kannst auch in Raten zahlen. Das Geld ist nicht weg, du investierst es in deine finanzielle Zukunft und bekommst einen Gegenwert jenseits des Preises – dafür sorge ich persönlich. Diese Investition ist übrigens nichts im Vergleich zu dem, was es kostet, nicht über eine finanzielle Grundausbildung zu verfügen und sich von Beratern übers Ohr hauen zu lassen. Bei mir waren das damals 18.000 Euro. (…) Das Mentoring ist für Frauen, die es ernsthaft durchziehen wollen. Für echte Macherinnen. Es ist ein Commitment von Zeit, Geld und Energie. Und genau deswegen funktioniert es so gut.«[13]

Was sich Natascha Wegelin aka Madame Moneypenny aufgebaut hat, finde ich super, aber wenn ich den Text oben lese, will ich an manchen Stellen einfach nur kotzen. Warum gibt es keinen konkreten Preis?! Warum muss betont werden, dass man in die »finanzielle Zukunft« investiert, als wäre das nicht klar? Dann kommt die persönliche Ebene: Ich persönlich, Bestseller-Autorin und erfolgreiche Unternehmerin, kümmere mich um dich. Und ich muss es wissen, habe ich selbst doch durch schlechte Beratung 18.000 Euro verloren. Aber hey – du darfst nur teilnehmen, wenn du eine echte Macherin bist, sonst kommen wir nicht ins Geschäft …

Schön marketingstategisch gibt es auch eine Warteliste, die überall auf der Website erwähnt wird, um einen heiß begehrten und exklusiven Kreis anzudeuten. So, und was ist mit all den anderen? Die sind keine Macherinnen, leider nicht auserwählt und auch nicht »top motiviert«.

Weiter unten auf der Website heißt es:

»Nach dem Mentoring …

- Hast du die Grundlage für deinen Vermögensaufbau gelegt.
- Hast du endlich einen Haken hinter dem Finanzkram.
- Hast du die Kontrolle über deine Finanzen.
- Wird dir Geld Spaß machen.«

Achtung, jetzt lasse ich die Bombe platzen: All das bekommst du in diesem Buch für 'nen Zwanni, den du übrigens von der Steuer absetzen kannst (Jetzt sag nicht, du hast die Quittung weggeworfen …).

Was ich anhand des Beispiels von Madame Moneypenny zeigen will, ist Folgendes: Selbst Frauen erzählen Frauen, dass du eine echte Macherin und total *commited* sein musst, um Finanzen anzugehen. Dass du es selbst nicht schaffst, sondern nur, wenn du dir wie Frau Wegelin »durch über 1.000 Stunden Selbststudium, ca. 200 Bücher und Seminare« das Wissen aneignest, »um ein Vermögen in Eigenregie aufzubauen«.

Aha. Groundbreaking. Not.

Wenn ich 200 Bücher und Seminare benötige, um ein Thema zu begreifen, dann lese ich entweder sehr gern, habe sehr viel Geld für

Weiterbildungen übrig, oder ich brauche einfach sehr, sehr lange, um mich einzuarbeiten. Und wisst ihr was? Neben Madame Moneypenny und all den anderen Finanzcoaches gibt es Millionen von Menschen, die das ohne jegliche Seminare, Coachings und Co. in Eigenregie geschafft haben.

»Finanzcoaching für Frauen« ist das neue »Dein Weg zur Traumfigur – 5 Kilo weniger in 14 Tagen«. Mit dem Unterschied, dass wir keine überteuerten Säfte saufen, sondern uns online Seminare reinziehen, die jedes gut recherchierte Selbststudium easy ersetzen können. Bist du zu faul, um den Saft selbst zu pressen, dann Go for it, kauf ihn! Dann hilft dir bestimmt auch das Seminar. Aber sei dir bewusst, dass sowohl der Saftladen als auch der Finanzcoach ein Produkt als Mega-Special-Deluxe-Paket anpreist, das du mit ein wenig Fleiß easy peasy selbst hinbekommst.

KASSENSTURZ

Wichtig ist zunächst einmal, dass wir verstehen, welchen Effekt der Zinseszins hat, unser Geld auf dem Konto durch Inflation entwertet wird und wir auf mehr als nur eine Geldanlage setzen sollten. Theorie haben wir nun schon gelernt, wir gehen nun über in die Praxis.

Überblick ist alles

Um die eigenen Finanzen zu überblicken, machen wir erst einmal Tabula Rasa. Alles runter vom Tisch, und dann wird sortiert. Wir suchen alles, was mit dem Thema Geld zu tun hat: Mietvertrag und sonstige Verträge, Sparbücher, Kredite, die wir vielleicht abbezahlen, oder einen Bausparvertrag – einfach alles, bei dem Geld eingenommen oder ausgegeben wird. Vergesst nicht die Verträge, die ihr online abgeschlossen habt, wie beispielsweise Streamingdienste oder das Fitnessstudio.

HIER EINE KURZE CHECKLISTE FÜR EUCH FÜR DEN START:

Essentials

- ☐ Miete
- ☐ Strom/Gas
- ☐ Telefon/Internet
- ☐ Handyvertrag

Versicherungen

- ☐ Private Rentenversicherung
- ☐ Private Krankenversicherung
- ☐ Haftpflichtversicherung
- ☐ Hausratversicherung
- ☐ Unfallversicherung
- ☐ Berufsunfähigkeitsversicherung
- ☐ Rechtsschutzversicherung

Hobby/Freizeit

- ☐ Fitnessstudio/Sport
- ☐ Streamingdienste/Abos

Sonstiges

- ☐ Sparbücher
- ☐ Kredite

Gerade bei den Streamingdiensten läppert sich das schnell, ohne dass wir merken, wie schwer die Ausgaben ins Gewicht fallen. Bei mir sind es beispielsweise Netflix, Amazon Prime, RTL+ (Ja, I love Trash!), Apple TV, Sky Ticket, Spotify und Audible. Das sind knapp 70 Euro jeden Monat – aber die sind es mir wert. Als ich damals meinen Kassensturz gemacht habe, sind DAZN, Podimo und Joyn aus der Liste geflogen, sonst wäre es noch teurer. Ich gebe also im Jahr rund 840 Euro dafür aus, Serien, Filme, Podcasts, Hörbücher und mehr zu konsumieren. Eine stattliche Summe. Allerdings arbeite ich als Sprecherin und Moderatorin auch in dem Bereich und habe eine totale Leidenschaft für gute Inhalte. Für mich absolut sinnvoll angelegtes Spaß-Geld.

Behalte, was du wirklich nutzt

Wenn du also nun deine Liste gemacht hast, dann überlege dir, was davon du wirklich gern nutzt. Kannst du deinen Handyvertrag verbessern? Dein Sport-Abo anpassen? Streamingdienste kündigen? Do it! Fühlt sich übrigens super an. Ich hatte monatelang unterbewusst mit mir herumgetragen, dass ich Joyn und DAZN kündigen will, und als es dann endlich so weit war, fiel ein Stein von mir ab, ein kleiner zwar, aber es fühlte sich direkt leichter an, weil diese Aufgabe endlich abgehakt war.

Was fehlt?

Vielleicht bemerkst du auch, dass etwas in deiner Liste fehlt. Bei mir waren es Hausratversicherung und Rechtsschutz – wollte ich schon ewig abschließen, aber wir alle wissen ja, wie das ist … Ich habe also einen persönlichen Versicherungs-TÜV gemacht. Den durchlaufen wir später im entsprechenden Kapitel (➲ ab Seite 105) auch noch gemeinsam, ihr dürft das also jetzt erst mal nur auf euch wirken lassen, und dann steigen wir an entsprechender Stelle tiefer ein.

Überblick ist alles

Hast du nun all deine Kosten auf dem Tisch, dann rechne aus, wie viel du im Monat an Fixkosten hast, also Miete, Versicherungen, Lebensmittel, Abos und Co. Dagegen rechnest du nun dein Einkommen und Schwupps, wissen wir, wie viel dir wirklich zum Leben, Sparen und Spaßhaben zur Verfügung steht. Bei vielen (mich früher eingeschlossen) ist das so ernüchternd, dass sie es deswegen gar nicht erst ausrechnen wollen. Diese Vogel-Strauß-Technik kann ich gut nachvollziehen, aber nachdem ich das alles selbst durchlaufen habe, lasst euch gesagt sein: Zu viel Sand im Kopf schadet dem Gehirn. Also Kopf raus aus dem Boden und der Realität ins Auge blicken. Überhaupt geht der Spaß jetzt erst richtig los – nicht verzagen, diese Ernüchterung ist total normal und auch wichtig, damit wir jetzt beginnen können, die eigenen Finanzen anzupacken.

DAS HAUSHALTSBUCH

Ich hätte nie, niemals, never ever gedacht, dass dieser Satz in Bezug auf das Thema Haushaltsbuch mal aus meinem Mund kommen würde, aber: Jetzt kommen wir zu einem meiner Lieblingsthemen, dem Haushaltsbuch.

Das Haushaltsbuch hat mein finanzielles Leben verändert. Und ich habe erst vor wenigen Jahren damit angefangen. Meine Mama hat schon immer ein Haushaltsbuch geführt. Sie hatte immer so ein kleines DIN-A6-Heftchen, in das sie alle Familienausgaben kategorisch eintrug. Mama war unsere Familien-Finanzministerin – strenges Regiment, aber alles im Griff (ich wollte erfolglos immer mehr abzwacken …). Schon als Studentin hatte sie damit begonnen, alle Ausgaben zu notieren, um einen Überblick dafür zu bekommen, was ihr wirklich zur Verfügung stand.

Im Gegensatz zu mir sind meine Eltern und meine beiden Geschwister sparsam und vernünftig in Bezug auf Geld – keine Ahnung, woher ich mein verschwenderisches Gen habe. Mein Bruder behauptete ja eine Zeit lang steif und fest, ich sei irgendwann vor der Tür gelegen (das wäre zumindest unter dem genetischen Aspekt betrachtet zu diesem Thema logisch einleuchtend). Wer ältere Geschwister hat, kennt wahrscheinlich ähnliche Nettigkeiten …

Als wir klein waren, hat meine Mama im Monat nur etwa 10,00 DM pro Monat für sich sparen können, wir Kids haben meinen Eltern, glaube ich, einfach die Haare vom Kopf gefressen. Kürzlich fragte ich sie, wofür sie denn mal so richtig gespart hat. Sie lachte und meinte: für ein französisches Besteck. In Bad Tölz, wo ich geboren wurde, gab es ein Geschäft für edle Tisch- und Küchenwaren. Dort lag im Schaufenster ein Besteckset der Luxusmarke Scof-France, in das hatte sie sich verliebt. Ich habe also recherchiert und glaube, die Marke gibt es heute gar nicht mehr. Das Set war silbern mit elfenbeinfarbenen Griffen – das Salatbesteck besitzt sie heute noch, und ich erinnere mich total gut daran, habe es schließlich täglich benutzt. Was es damals gekostet hat, weiß meine Mama nicht mehr, aber ich habe es auf ebay für 750 Euro gefunden – und das ohne Salatbesteck. Alles in allem also kein Pappenstiel, und bei 10 DM pro Monat können wir uns gut vorstellen, wie lange meine Mutschko darauf gespart hat.

Heute, in unserer Will-ich-jetzt-sofort-Gesellschaft, undenkbar. Heute wollen wir alles sofort, werden mit Krediten gelockt, um bloß zu konsumieren. Dadurch, dass wir ständig mit vermeintlichen Top-Angeboten zum Kaufen animiert werden, geraten wir ständig in Versuchung – auch da hilft das Haushaltsbuch, weil es zeigt, was wir wirklich zur Verfügung haben und wie wir angemessen unserer Verhältnisse leben.

Ein Haushaltsbuch könnt ihr wie meine Mama händisch führen oder ihr ladet euch eine der zahlreichen Apps herunter. Ich nutze eine App namens Money Control, es gibt aber so viele andere gute – schaut einfach, was euch am besten taugt. Wichtig ist, dass ihr selbst Kategorien erstellen könnt und eure Fixausgaben jeden Monat übertragen werden, sonst wird es nervig, wenn ihr die immer wieder neu eintragen müsst.

Ich dachte also vor einigen Jahren, als meine Finanzcoachin mich darum bat, eines zu führen: Na gut, dann mach ich das halt mal für drei Monate. Ein Haushaltsbuch war so ziemlich das Abturnendste, was ich mir vorstellen konnte, aber siehe da, ich führe es bis heute jeden einzelnen Tag. Und seitdem gab es kaum einen Monat, in dem ich mein vorher festgelegtes Budget überzogen habe.

In meiner App wird das Geld, das mir monatlich nach Abzug aller Fixkosten zur Verfügung steht, als grüner Kreis angezeigt. Sobald ich eine Ausgabe tätige, wird ein entsprechender Teil des Kreises Rot. Am Ende des Monats ist also mehr Rot als Grün übrig. In der Mitte des Kreises steht die Summe, die mir noch zur Verfügung steht. Weil ich die App immer zur Hand habe, vergesse ich auch keine Mini-Ausgaben wie beispielsweise den Anschlussfahrausweis, den ich brauche, wenn ich meine Eltern besuche (1,80 Euro), oder das schnelle Brötchen auf die Hand – also Ausgaben, die man gern mal unter den Tisch fallen lässt, die aber in Summe doch einiges ergeben. Kleinvieh macht auch Mist.

Ich habe durch mein Haushaltsbuch übrigens auch herausgefunden, dass ich am besten alles nur noch bar zahle. Ich hebe etwa dreimal pro Monat einen größeren Betrag vom Konto ab, den ich als allgemeine Ausgabe eintrage, und damit bezahle ich fast jeden Einkauf. So vergesse ich nichts, denn vor allem Kartenzahlungen rutschen mir gern mal durch. Im Supermarkt bin ich beispielsweise erst mit Bezahlen, dann mit Einpacken und dann mit Schleppen beschäftigt, sodass ich mein Handy nicht zur Hand nehme. Deshalb haushalte ich mit dem Bar-Betrag, solange der Geldbeutel Coins hergibt. Wenn mir auffallen sollte, dass ich hier über meine Verhältnisse lebe, dann trage ich ein paar Monate alles haarklein ein, um herauszufinden, woran das liegt. Ist zum Glück bisher nicht geschehen, und ich habe mich eingependelt. Bin also schon Haushaltsbuch-Heavy-User.

Es benötigt etwas Routine, um auch immer gleich alle Online-Ausgaben ins Haushaltsbuch einzutragen, die beispielsweise mit Apple Pay oder PayPal getätigt wurden, aber daran gewöhnt man sich fix. Für mich ist es längst Routine, dass ich sofort nach einem Kauf den Betrag eintrage, bevor ich mich wieder etwas anderem widme.

So sehen meine Kategorien aus:

Einnahmen

- **Lohn/Honorar – ich arbeite zwar selbstständig, überweise mir von meinem Geschäftskonto aber immer einen fixen Betrag.**
- **Sonstige Einnahmen – hier trage ich beispielsweise ein, wenn ich etwas über ebay verkauft habe oder wenn mir jemand geliehenes Geld zurückgezahlt hat. Vielleicht seid ihr aber auch in der luxuriösen Situation, dass ihr Mieteinnahmen aus einer Eigentumswohnung bezieht – das ist eines meiner Ziele für die Zukunft (wäre großartig, wenn das klappt!).**

Ausgaben

- **Miete**
- **Strom/Gas/Wasser**
- **Versicherungen**
- **Abos**
- **Allgemeine Ausgaben**
- **Lebensmittel**
- **Gesundheit/Beauty**
- **Klamotten**
- **Hobby**
- **Haustiere**
- **Interieur**
- **Reisen**

- **Mobilität/Auto**
- **Büro**
- **Technik**
- **Sport**

Ihr erinnert euch vielleicht an die Geschichte am Anfang mit meiner Schwester, die mir Geld für die Schuhe lieh. Sie hat auch schon früh vergeblich versucht, mir ein System beizubringen, um zu haushalten. Das sah damals so aus: Am Anfang des Monats verteilte sie ihr Geld auf verschiedene leere Analogfilm-Döschen, die sie beschriftet hatte mit Dingen wie Studium, Kosmetik, Hobby/Freizeit, Kleidung etc. Das Geld im Döschen durfte ausgegeben werden, mehr nicht. Na ja, wir können uns ja denken, wie gut das bei mir funktioniert hat. Erst habe ich wild umgeschichtet, sobald eins leer war, und mich dann geschlagen gegeben. Im Grunde eine super Idee, die eine vereinfachte Version eines Haushaltsbuches ist. Ich war nur nicht bereit. Und das ist total okay. Ich denke, dass sich bei jeder von uns irgendwann selbst der Schalter umlegen muss, damit wir Dinge angehen. Wenn jemand anderes versucht, den Schalter zu betätigen, gibt's eben doch öfter einen Wackelkontakt.

RAUS AUS DEM MINUS

Jetzt haben wir ganz viel über Kassensturz, Zinseszins, Haushaltsbuch und Co. gesprochen, aber einige von euch werden jetzt vielleicht sagen: »Haha, können vor Lachen …« Denn in vielen Fällen geht es erst mal darum, aus dem Minus wieder herauszukommen und den, ich nenne ihn »Fuck It Fund« aufzubauen – besser bekannt als Notgroschen (das Wort ist aber furchtbar unsexy). Unser »Fuck It Fund« sollte etwa zwei bis drei monatliche Nettolöhne beinhalten, und er ist dazu da, dass wir unvorhergesehene Ausgaben ohne zu große Schmerzen im Budgetbeutel tätigen können.

Als Studentin wäre es für mich zum Beispiel der Supergau gewesen, wenn meine Waschmaschine den Geist aufgegeben hätte. Heute ärgere ich mich wahrscheinlich nur kurz darüber, es schmälert zwar meinen »Fuck It Fund«, ist aber kein Weltuntergang.

Um diesen Puffer also aufbauen zu können, ist es wichtig, dass wir unsere Konten (ja, ich spreche von einer Mehrzahl – dazu bald mehr) im Blick und im Griff haben. Denn auch hier gilt der Zinseszins: Wer im Minus lebt, zahlt mit der Zeit immer mehr und mehr und mehr. Ein Dispo ist nichts anderes als ein sehr flexibler und wahnsinnig teurer Kredit. Diese Kosten wollen wir loswerden!

Die Stiftung Warentest hat im Juni 2020 die Höhe der Dispozinsen von rund 1.200 Banken untersucht. Heraus kam, dass Banken im Durchschnitt 9,61 Prozent Dispozins bei einer Kontoüberziehung verlangen. Die höchsten Zinsen, nämlich bis zu 14,75 Prozent verlangen fast ausschließlich Volks- und Raiffeisenbanken. Bei mir waren es damals rund 11 Prozent, die mir monatlich fast das finanzielle Genick brachen. Weil wir an einigen Tagen Geld abheben oder Lastschriften eingezogen werden, ändert sich unser Kontostand häufig. Deshalb werden die Zinsen für Dispokredite von den Banken täglich mit folgender Formel neu berechnet:

Saldo x Zinssatz x Tage / (Tage im Jahr x 100).

Genug Mathe, widmen wir uns wieder dem Eingemachten, denn spätestens jetzt sollte uns allen klar sein: Dispo ist Quatsch, also raus da!

Den »Fuck It Fund« können wir erst aufbauen, wenn das Minus getilgt ist. »Ha, dann nehme ich doch einfach einen günstigeren Kredit auf!«, denkst du vielleicht jetzt. Ja, eine Umschuldung mag eine Lösung sein, aber ich will euch alle vor der Schuldenspirale warnen, da ist man schneller drin, als einem lieb ist. Und dann wird's richtig frustrierend. Deshalb versuchen wir es ohne Kredit, das funktioniert auch.

Die meisten von uns erwartet kein plötzlicher Geldregen, sondern wir haben nur den Betrag zur Verfügung, der (im besten Fall) jeden Monat auf unser Konto eingeht. Um unseren Dispo also dauerhaft auszugleichen und wieder schwarze Zahlen zu schreiben, brauchen wir einen Plan. Zurück zum Kassensturz!

Status quo

Zu Beginn solltest du folgende Fragen gewissenhaft beantworten:

- **Was sind meine monatlichen Netto-Einnahmen?**
- **Habe ich außer meinem Gehalt noch andere Einnahmequellen?**
- **Was ist die Summe, die ich zu Beginn eines Monats zur Verfügung habe?**
- **Wie verteilt sich mein Gehalt aktuell auf meine Ausgaben? (Haushaltsbuch!)**

Analyse

Jetzt geht es an die ungeschönte und ehrliche Betrachtung unseres Lebensstils – das mag frustrierend sein, aber nicht so schlimm wie ein Leben im dauerhaften Minus. Denn: Wir sehen schon das Licht am Ende des Dispo-Tunnels.

- ***Was steckt genau hinter meinen Ausgaben?***
  Stelle ich beispielsweise fest, dass ich sehr viel Geld für Lebensmittel ausgebe, dann kann es daran liegen, dass ich zu oft Essen bestelle oder auswärts esse. Vielleicht bin ich aber auch anderweitig faul und gehe lieber zum teuren Supermarkt an der Ecke, statt zwei Straßen weiter zu einem günstigeren Geschäft zu laufen.

- ***Kann ich irgendwo Einsparungen machen?***
  Bei mir war es der Coffee to go, der mich früher (gemessen an meinem Gehalt) Unsummen gekostet hat. Ich fand mich einfach unfassbar cool, wenn ich in Berlin Mitte Sex-and-the-City-like zu meinem Job in der PR-Agentur gelaufen bin, den Kaffeebecher lässig in der Hand. Gekostet hat er damals 2,50 Euro. Das sind bei fünf Werktagen 12,50 Euro in der Woche, also 50 Euro pro Monat. Gemessen an meinem Praktikantinnengehalt von 200 Euro, später ca. 900 Euro als Trainee, einfach unverhältnismäßig viel. Heute trinke ich fast gar keinen Coffee to go mehr, allerdings weniger aus Kostengründen, sondern vielmehr, weil ich versuche, nachhaltig zu leben. Dazu gehört für mich einerseits, Müll zu vermeiden wie eben Kaffeebecher, aber andererseits auch Zeit wertzuschätzen und lieber den Coffee to stay einzunehmen. Wenn ihr euer Haushaltsbuch führt, werdet ihr vielleicht auch solch kleine Achillesfersen identifizieren.

- ***Gibt es Kosten, die ich einfach reduzieren kann?***
  Nehmen wir wieder unseren Kaffee zum Mitnehmen als Beispiel, dann kann ich ihn entweder zu Hause vorbereiten, erst im Büro einen trinken oder, wenn ich überhaupt nicht auf den Coffee to go verzichten will, auf eine günstigere Variante umsteigen. Meine Freundin Babo bestellt in ihrem Lieblingsladen immer Iced Americano mit Hafermilch für 2,50 Euro statt Latte mit Hafermilch für 4,50 Euro. Damit kauft sie zwar nach wie vor Kaffee, spart aber trotzdem bei jedem Kauf fast die Hälfte ein.

Aktion

Berechne, wie hoch der Betrag ist, den du ausgleichen musst, um aus dem Dispo zu klettern. Mach dir dann einen Plan, wie viel du jeden Monat abzahlen kannst. Mit speziellen Kreditrechnern kannst du di-

die jeweiligen Zinsen für deinen Kontostand ausrechnen. Normalerweise werden einmal pro Quartal Dispozinsen abgezogen.

- ***Benefits nutzen***
  Du bekommst eine Gehaltserhöhung, einen Bonus, ein Erbe wird ausbezahlt oder ein anderer Geldsegen flattert ins Haus? Dann ab aufs Konto damit. Am besten tust du so, als wäre das Geld nie da gewesen. Dann fühlt es sich nicht so sehr nach Verlust an.

- ***Refinanziere dein Leben***
  Wenn ich mir etwas kaufe, dann versuche ich immer, die Kosten irgendwie zu refinanzieren. Wenn was Neues kommt, muss was Altes gehen, ist meine Devise. Ich liebe das! Ich habe auf Instagram sogar einen eigenen, kleinen Kanal (@vrenissage) angelegt, auf dem ich meine Klamotten von Zeit zu Zeit an die Frau bringe. Refinanzieren bedeutet, dass ich einen Kauf durch einen Verkauf kompensieren will. Wir sind aber noch nicht so weit hier, denn wir müssen erst mal aus dem Minus und dann den »Fuck It Fund« aufbauen. In der Zeit sollten wir uns (leider!) etwas zurückhalten, sonst dauert diese Phase ewig, und das frustriert. Kaufen steht also nicht auf der Tagesordnung. Verkaufen allerdings schon! Schau doch mal, welche Dinge du nicht mehr nutzt. Das bringt nicht nur zusätzliche Einnahmen, sondern auch Ordnung in dein Leben. Dann ab damit zum Flohmarkt oder zu ebay Kleinanzeigen und Co.! Klamotten, Spiele, Technik, Bücher und und und finden so neue Liebhaberinnen – und nachhaltig ist es auch noch. Jackpot!

- ***Prioritäten setzen***
  Unsere erste Priorität, bis wir den Dispo ausgeglichen haben, ist: einsparen. Ziemlich öde, ich weiß, aber macht euch be-

wusst, dass es nur vorübergehend so sein wird und dass ein Leben in schwarzen Zahlen sehr viel beruhigender ist. Viel Geld fließt in Hobbies – oder damals als Studentin in Alkohol (nein, das zählt nicht als Hobby!), nur deshalb wurde, glaube ich, das Vorglühen so zelebriert … Vorglühen ist gewissermaßen das Paradebeispiel für Geld einsparen. Statt in der Bar teure Drinks zu bestellen, haben wir lieber in der WG-Küche legendäre Abende eingeläutet. Den 1,95-Euro-Faber-Sekt bekomme ich heute zwar ohne Kopfschmerzen nicht mehr runter, aber das muss ich glücklicherweise auch nicht (zumal meine Prioritäten mittlerweile auch hauptsächlich jenseits von Promille liegen).
Überlege dir also, ob du beispielsweise einsparen kannst, indem du nicht ins Restaurant gehst, sondern mit Freundinnen kochst. Ob du statt Kino lieber zu Hause einen Film anschaust. Und ob du wirklich Netflix *und* Amazon Prime bauchst … Wenn es hart auf hart kommt, kündige beides und nutze die vielen kostenlosen Angebote, bis du wieder Geld dafür übrig hast – in den Mediatheken und auch auf Youtube gibt es so viele gute Inhalte. Dasselbe gilt auch für alle anderen Abos.

Nebenjob

Falls dein Zeit- und Energieplan es zulässt, kannst du auch einen zusätzlichen Job ausüben. Es gibt übrigens auch viele Angebote, die nur für ein Wochenende gelten, und siehe da, schon haben wir etwas mehr in der Tasche, ohne uns langfristig an einen Nebenjob zu binden.

WIR SIND RAUS!

Wir haben es geschafft, der Dispo ist ausgeglichen. Erst mal hardcore Schulterklopfen, denn das ist ein finanzieller Meilenstein, der uns da vom Herzen fällt. Jetzt gilt es natürlich, diesen Status quo zu halten und bloß nicht wieder reinzukommen. Deshalb hier ein paar Tipps:

- ***Deaktiviere die Dispo-Funktion***
  Das habe ich vor 15 Jahren gemacht und nie wieder aktiviert. Allerdings ist Vorsicht geboten, wenn das Geld mal knapp ist und ein Dauerauftrag rausgehen oder eine Lastschrift eingezogen werden soll. Funktioniert das nicht, weil dein Konto nicht ausreichend gedeckt ist, werden Strafzahlungen fällig. Außerdem ist es unnötig nervige Bürokratie.
  Deshalb aus den Augen, aus dem Sinn. Ich nenne es: das Süßigkeiten-Prinzip. Ist meine Schublade voll, dann gehöre ich zu den Menschen, die Schokolade, Chips und Gummibärchen einfach unbedingt essen wollen. Aber wenn keine Snacks da sind, vermisse ich sie nicht sonderlich.
  Mit dem Dispo ist es genauso. Es ist ja genau deshalb so verführerisch, weil es so einfach zugänglich ist. Also lassen wir unseren Dispokredit von der Bank aus dem System nehmen und hängen ein imaginäres, riesiges Schloss dran. Den Schlüssel werfen wir direkt weg.

- ***Kontrolliere deine Einnahmen und Ausgaben***
  Wie wichtig mir mein Haushaltsbuch ist, das hab ich jetzt schon mehrmals betont und wiederhole mich gern noch einmal: Habt euren Zahlungsfluss im Blick. Setzt euch außerdem feste Budgets für bestimmte Kategorien, um besser zu haushalten.
  Seid ihr raus aus dem Dispo, dann könnt ihr direkt die Summe, die ihr zum Abzahlen genutzt habt, als Sparrate für den Fuck-It-Fund nehmen. Dafür legt ihr am besten ein separates Konto

an, dazu kommen wir später natürlich auch noch. Aber kurz vorweg: Bei eurem Sparkonto für den »Fuck It Fund« gilt auch wieder das Süßigkeiten-Prinzip: aus den Augen, aus dem Sinn. Dauerauftrag einmal einrichten und jut is. Am besten hat dieses Konto auch keine zugehörige EC- oder Kreditkarte, damit ihr nicht in Versuchung geratet. Außerdem habt ihr Zeit, euch im »Fuck It«-Fall eine Abhebung von diesem Konto zu überlegen, und greift nicht im Affekt darauf zu.

»Fuck It Fund« aufbauen
Unvorhergesehene Ausgaben? Spontan ein Kurztrip nach Paris? Ein neuer Laptop? Das alles ist möglich, wenn ihr eine Summe angespart habt, die ihr für all diese Dinge flexibel nutzen könnt. Wichtig ist, eure Reserve immer wieder aufzufüllen, sobald ihr etwas ausgegeben habt. Essenziell sind zwei bis drei Nettogehälter, noch besser und sicherer fahrt ihr mit drei bis sechs monatlichen Einnahmen. Ich persönlich habe drei und fühle mich gut, aber das entscheidet ganz allein ihr und euer eigenes Sicherheitsgefühl.

Dispo, Dispo
Mist, wir haben ihn doch noch mal benötigt, den ollen Dispokredit. Grämt euch nicht, sondern haltet einen klaren Plan zum Rückzahlen bereit – schließlich seid ihr jetzt Profis. Unvorhersehbare Ausgaben können leider dazu führen, dass wir den Dispo nutzen müssen. Aber jetzt nutzen wir ihn bewusst und nicht wie früher aus reiner Gewohnheit. Sobald einmal drin, sparen wir uns sofort wieder raus.
Vielleicht denkst du auch, sobald du das erste Mal aus dem Dispo raus bist, direkt über einen Bankwechsel nach. Checke mal, was deine Bank an Dispozinsen nimmt, und suche dir gegebenenfalls eine neue Bank.

KONTENMODELLE

Wie bereits angekündigt, beschäftigen wir uns jetzt mit Kontenmodellen, denn viele von uns besitzen nur ein einziges Konto. Besser ist es jedoch, sich mit mehreren Konten eine Struktur aufzubauen und einen perfekten Überblick zu verschaffen. Wir brauchen nicht für jeden Bereich ein eigenes Konto, das wäre wirklich zu viel des Guten. Viele Banken, besonders reine Online-Banken, bieten die Möglichkeit an, Unterkonten zu erstellen – das ist beispielsweise für den »Fuck It Fund« super.

Um dein Geld zu strukturieren, gibt es verschiedene Möglichkeiten. Wir denken bei unserer Struktur nicht in Summen, sondern in Prozent. Um dein richtiges Kontenmodell zu finden, spielen verschiedene Faktoren eine Rolle, in erster Linie auch dein Gehalt. Im Folgenden beschäftigen wir uns mit einigen Beispielen, die dir eine Orientierungshilfe geben sollen. Du musst es nicht eins zu eins so umsetzen, denn unser aller Lebensrealitäten sind verschieden. Vielleicht fängst du auch mit einem Modell an und merkst, dass ein anderes besser zu dir passt. Wichtig ist, überhaupt damit anzufangen. Bei mir hat das echt eine Weile gedauert, ich habe verschiedene Dinge probiert und bin immer noch manchmal am Optimieren.

Erinnere ich dich bei dieser Aufgabe daran, was für ein Finanztyp du bist, und beachte das in deiner Kontenaufstellung. Sparst du gern, ist das super für deine langfristigen Investitionen. Genauso ist es okay, wenn du dir gern etwas gönnst und das in deine Planung mit einbeziehst.

Das 3-Konten-Modell

Das 3-Konten-Modell ist ein totales Basic-Modell mit einer minimalen Aufteilung. Hier unterscheiden wir folgende drei Kategorien:

1. **Lebensunterhalt**
2. **Langfristiges Sparen und Investieren**
3. **Wünsche**

Dieses Kontenmodell ist super, wenn du beispielsweise noch bei deinen Eltern lebst und keine großen Kosten hast. Es ist perfekt, wenn du noch nicht viele Einnahmen und Ausgaben im Blick behalten musst. Allerdings wird das vermutlich eher bei wenigen Leserinnen der Fall sein, weshalb die nachfolgenden Modelle wahrscheinlich sinnvoller sind.

Das 5-Konten-Modell

Bei deinen Konten macht es Sinn, eine Anzahl zu haben, die zu deinen Lebensumständen passt. Mehr muss nicht unbedingt besser sein. Aber es strukturiert oft einfach genauer und schafft einen geordneten Überblick. Das 5-Konten-Modell bauen wir wie folgt auf:

DAS 5-KONTEN-MODELL

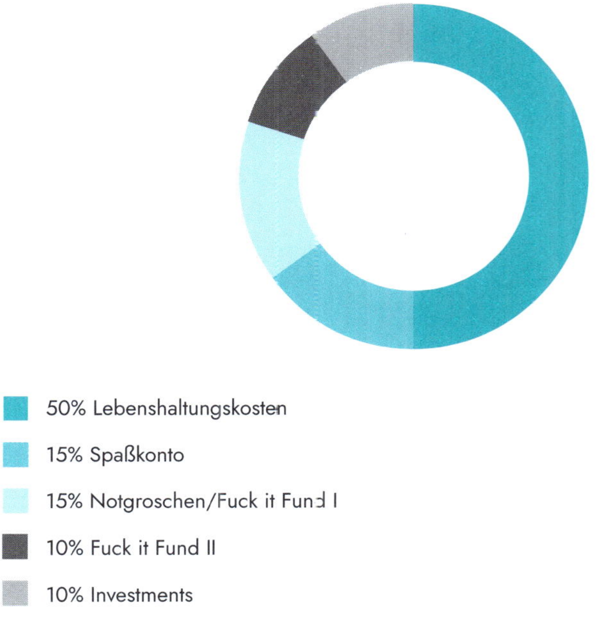

- ***Lebenshaltungskosten – 50 %***
  Dieses Konto ist dein Hauptkonto. Dein Lohn geht auf diesem Konto ein, und du bedienst von hier aus alle anderen Konten. Vom Hauptkonto aus zahlst du alles, was für deinen täglichen Bedarf wichtig ist, also beispielsweise Miete oder Versicherungen.

- ***Spaßkonto – 15 %***
  Hier kommt das Geld drauf, das du für die kleinen und großen Freuden des Lebens ausgeben willst, also in meinem Fall Designerhandtaschen, Restaurantbesuche, Bücher, Filme und Co.

- ***Notgroschen, Fuck It Fund*** **oder wie auch immer dein Konto für den Notfall heißen soll –** ***15 %***
  Hier sparst du eine Summe an, die etwa drei bis sechs deiner monatlichen Ausgaben decken. Du allein entscheidest, wie hoch der Betrag letztendlich sein soll. Im besten Fall rührst du dieses Geld nie an. Wenn doch, dann denk unbedingt daran, das Konto wieder aufzufüllen. Was ist jetzt aber mit der Inflation? Wir haben doch gelernt, dass das Geld seinen Wert verliert. Hier machen wir eine Ausnahme, denn der »Fuck It Fund« schützt deine Investments. Durch dein Notfallkonto musst du nicht an dein Geld, das in Depots, Sparpläne oder anderes angelegt ist.

- ***Fuck the Fuck It Fund – 10 %***
  Es gibt die Möglichkeit, wenn du genug verdienst, dass du deinen »Fuck It Fund« wirklich nur im absoluten Notfall anfasst. Wenn deine Situation es hergibt, kannst du also ein zweites Sicherheitskonto anlegen.

- ***Investments – 10 %***
  Wichtig: Immer erst sparen und dann investieren. Wir starten unsere Investmentstrategie nur, wenn das Konto schwarze Zahlen schreibt und der »Fuck It Fund« angelegt ist. Und dann überlegen wir, was zu uns passt und was langfristig realistisch ist. Verschiedene Möglichkeiten stelle ich euch später natürlich noch vor (➲ ab Seite 87).

Auf den ersten Blick sind hier viele Unterkonten involviert. Wenn ihr bisher mit nur einem Konto gearbeitet habt, kann das schnell überfordernd sein. Ich habe mich langsam rangetastet. Von einem 3-Konten-Modell bin ich nach ein paar Monaten zu einem 5-Konten-Model gewechselt. Mittlerweile führe ich sogar sechs, weil ich ein Konto für meinen Fondssparplan habe und ein anderes für Einzelaktien und ETFs (➲ ab Seite 90).

Die Vorteile von mehreren Konten liegen für mich auf der Hand: Wenn ich regelmäßigen Geldeingang habe, kann ich meine Finanzen optimal aufteilen. Daueraufträge sind ratzfatz eingerichtet, und ich spare monatlich Rücklagen und meine Altersvorsoge an. Jedes Konto tut genau das, wofür es gedacht ist, und ich muss nicht immer alles ausklamüsern.

Das 6-, 7- oder 8-Konten Modell

Ich habe euch schon erzählt, dass ich sechs Konten habe, aber da geht auch noch mehr. Unter uns gibt es zahlreiche Organisationstalente, und vielen Menschen macht Ordnung Spaß. Für euch habe ich hier ein paar Inspirationen, wie ihr eure Finanzen noch detaillierter strukturieren könnt.

Unterschiedliche Konten zu haben macht Sinn, zu viele zu haben, ist unübersichtlich. Finde deine persönliche Aufteilung, die du überschauen kannst und die zu deinem Leben passt. Eine mögliche Aufteilung:

DAS 6-, 7- ODER 8-KONTEN-MODELL

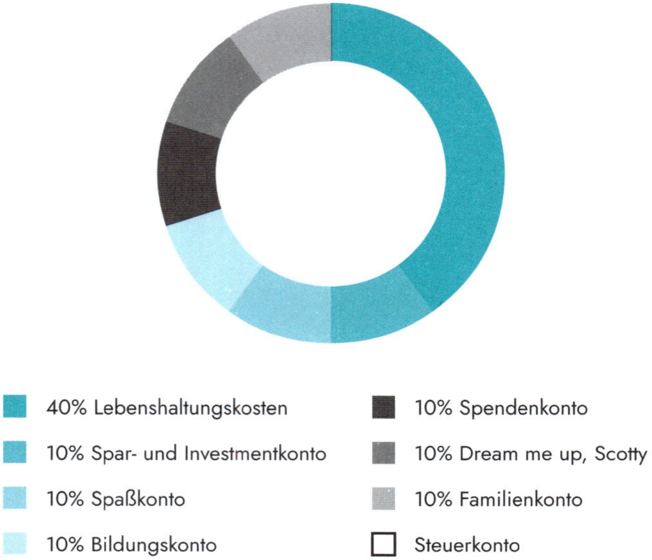

- ***Lebenshaltungskonto – 40%***
  Hierunter fallen, wie schon gesagt, alle Fixkosten wie Miete, Lebensmittel, Versicherungen, gegebenenfalls Kredite, die du abbezahlst, und Co. Natürlich ist ein niedriger Prozentsatz für deine Lebenshaltungskosten super, aber stress dich nicht, wenn es mehr ist. Dein Einkommen ist hier entscheidend, super minimieren kannst du beispielsweise bei einer Gehaltserhöhung, indem du deine Lebenshaltungskosten nicht erhöhst, sondern einem anderen Konto mehr Priorität gibst. Natürlich gilt das nur, wenn es finanziell realistisch ist, und es wird auch immer leichter, wenn die Einnahmen deutlich über den benötigten Ausgaben liegen. Ich persönlich liebe es, schön zu wohnen,

deshalb zahle ich relativ viel Miete für eine Wohnung, die ich schrecklich liebe. Das ist meine Priorität und macht mich zufrieden. Aber ich achte deshalb auch total auf meinen »Fuck It Fund«, weil es gerade bei mir als Selbstständige schnell passieren kann, dass eine hohe Miete mein finanzielles Genick bricht. Darauf habe ich so gar keinen Bock.

- *Spar und Investmentkonto – 10 %*
  Für manche ist es eine gute Möglichkeit, den »Fuck it Fund« anzusparen und dann mit demselben Konto zu investieren. Oder du legst hier ein weiteres Unterkonto an und erstellst einen Dauerauftrag, der von deinem Hauptkonto regelmäßig Geld einzahlt. Von diesem Geld besparst du ein Depot – klingt kompliziert? Ist es nicht, wir reden schon bald über Depots und Co. Wichtig ist, dass du nie das Geld von deinem »Fuck It Fund« investierst.

- *Spaßkonto – 10 %*
  Ich gehöre zu den Gönnjamins der Menschheit. Ich gönne mir selbst und ich gönne meinen Freundinnen. Als Studentin habe ich es gehasst, wenn wir in der WG und generell im Freundeskreis unsere Ausgaben für Essen und Drinks immer auf den Cent genau aufgeteilt haben, aber anders kamen wir finanziell wirklich nicht klar. Da gab es dann auch immer die Leute, die gesagt haben »Ich hab aber nur einen Teller Nudeln gegessen, warum soll ich denn jetzt so viel zahlen wie die anderen« oder »Warum soll ich denn bei der ganzen Party-Alkoholrechnung meinen Teil zahlen, ich hab doch nur den Sekt getrunken«. Diese Menschen kennen wir, glaube ich, alle. In meiner ersten WG in Berlin hatte ich eine Mitbewohnerin, nennen wir sie Denise, die wollte allen Ernstes, dass mein Freund sich an den Mietkosten beteiligt, weil er bei uns duscht, wenn er bei mir übernachtet.

Und all diese Leute, von denen ich hier spreche, waren gut aufgestellt, da hatte niemand existenzielle Geldsorgen.
Damals habe ich mir geschworen, sollte ich jemals genug Geld haben, würde ich gern so oft es geht einladen. Bei einem gemeinsamen Essen muss mir niemand auch nur einen Cent geben. Ich fand diese kleinliche Aufrechnung von relativ wohlhabenden Mitmenschen einfach furchtbar. Wir reden hier wirklich nicht von Geldnot, da wäre das mehr als verständlich. Natürlich wird gerecht verteilt in der WG, aber knausrig oder geizig sein, weil man Angst hat, zu kurz zu kommen im Leben, finde ich einen sehr unsympathischen Charakterzug.

- *Bildungskonto – 10 %*
  Ich finde Bildung ja ziemlich geil. Nicht umsonst moderiere ich einen Podcast für Spotify, der »Man lernt nie aus« heißt. In Bildung zu investieren ist großartig für unser Leben. Dieses Buch hier würdest du zum Beispiel von diesem Konto bezahlen, denn es bildet dich im Finanzbereich weiter.

- *Spendenkonto – 10 %*
  Im letzten Jahr habe ich so viel gespendet wie noch nie. Ich habe seit Jahren eine Patenschaft für syrische Flüchtlinge, die monatlich von meinem Konto abgeht. Darüber hinaus kommen Einmalzahlungen, beispielsweise an die Luftbrücke Kabul, das Zentrum für politische Schönheit oder 300 Zahnbürsten für die Obdachlosenunterkunft in Kreuzberg, in der ich ehrenamtlich arbeite. Das meiste kann ich von der Steuer absetzen, aber das ist nicht meine Triebfeder. Soziale Organisationen sind darauf angewiesen, dass wir sie (finanziell) bei ihrer Arbeit unterstützen. So viele tolle Menschen sind hier in den unterschiedlichsten Bereichen tätig. Mir ist es wichtig, einen Teil meines Honorars zu spenden oder privat Menschen in Not zu

unterstützen. Mit das Schönste an einem guten Einkommen ist für mich der Aspekt des Helfens und auch Teilens mit meinen Liebsten. Dafür spare ich wirklich gern.

- ***Dream me up, Scotty – 10 %***
  Große Träume sind was Tolles! Damit sie immer näher an uns heran und nicht in weite Ferne rücken, können wir uns ein Träumekonto einrichten. Das sind Wünsche, die wir uns nicht in naher Zukunft, sondern später in unserem Leben, vielleicht in zehn Jahren, erfüllen wollen. Für kurzfristige Träumchen haben wir ja das Spaßkonto. Mein Traumkonto ist mein Fondssparplan, mit diesem Geld will ich irgendwann meine eigene Wohnung anzahlen – bestenfalls das Träumchen von Wohnung, in der ich jetzt schon zur Miete lebe. Vielleicht wollt ihr aber auch irgendwann ein Café aufmachen oder auswandern – dream on, Baby!

- ***Familienkonto – 10 %***
  Die Kinder wollen den Führerschein machen? Deine Eltern müssen gepflegt werden? Das sind alles Dinge, die ganz schön ins Geld gehen. Deshalb auch hier besser früher an später denken! Sind wir gut vorbereitet, können wir weiterhin gut haushalten.

- ***Steuerkonto***
  Als Selbstständige kann ich ein Lied davon singen. Monatlich klopft die Umsatzsteuervoranmeldung an die Tür, und genug für die Einkommenssteuer sollte man auch immer auf die Seite legen. Lege dir unbedingt die entsprechenden Beträge auf die Seite!
  Lifechanging war für mich ein eigenes Geschäftskonto bei einer Online-Bank, das auf Selbstständige zugeschnitten ist.

Hier kategorisiere ich alle Geldeingänge und -ausgänge, und dann wird automatisch ausgerechnet, was meins ist, was Mehrwertsteuer (= Umsatzsteuer) und was Einkommensteuer. Das Konto ist also bereits dreigeteilt, und ich liebe es!
Einfach deinen Steuersatz in der Konten-App festlegen, und du hast alles perfekt im Blick. Für den Steuersatz gibt es spezielle Rechner, die dir beim Ermitteln helfen.
Ich gehöre übrigens zu den wenigen Menschen, die gern Steuern zahlen. Ich glaube, das liegt unter anderem daran, dass ich im Gegensatz zu vielen Kolleginnen weiß, was mein Steuersatz ist, und nicht jährlich von Nachzahlungen etc. überrascht werde. Steuern sind für einen Sozialstaat einfach wichtig und in meinen Augen richtig. Und weil ich meine Steuererklärung schon immer selbst mache, gibt's keine bösen Überraschungen. Papa sei Dank, der hat sich da eingefuchst und Töchterlein instruiert. Mein Vater ist keinesfalls Steuerexperte, sondern Arzt, aber vielseitig interessiert. Es gibt tolle Programme, die eine teure Steuerberatung und Buchhaltung überflüssig machen – vor allem wenn wir als Einzelperson ohne Angestellte arbeiten, ist das echt viel Geld, das wir einsparen, wenn wir uns einarbeiten. Außerdem bekommen wir so ein noch besseres Verständnis für unsere Finanzen.

Überlaufkonten

Eine besondere Form der Kontenführung ist das Überlaufkonten-Modell. Wenn du beispielsweise am Ende eines Monats (den Zeitraum legst du selbst fest) einen Überschuss auf deinem Konto hast, so fließt dieses Geld direkt auf ein anderes von dir festgelegtes Konto. Du kannst hier dein »Fuck It Fund«-Konto angeben oder auch dein Träumekonto – wo auch immer du extra ansparen willst. Mit einem Überlaufkonto kannst du dein Sparziel schneller erreichen.

EXKURS: WARUM KONSUMIERST DU?

Lasst uns beim Thema Sparen noch einen kleinen Exkurs zum Thema Konsum machen, denn wenn wir weniger und achtsamer konsumieren, sind wir nicht nur zufriedener, sondern können auch besser vorsorgen. Wir sind ständig von Verlockungen umgeben, wöchentlich trudeln Pakete bei uns ein, von denen wir zahlreiche wieder zurückschicken, wir verbringen Stunden in Online-Shops und laden Warenkörbe voll. Wir Deutschen haben im Jahr 2020 rund 315 Millionen Pakete retourniert – am häufigsten übrigens Klamotten.[14] Ganze 73 Milliarden Euro haben wir 2020 allein im Online-Handel ausgegeben.[15] Unsere Gesellschaft scheint materiellen Wohlstand mit Glück gleichzusetzen. Je mehr wir konsumieren, desto besser fühlen wir uns. Ein Trugschluss. Wir alle werden es schon erlebt haben, dass das kurze Hochgefühl nach einem Kauf ziemlich schnell wieder abebbt. Aber trotzdem fallen wir immer wieder auf die Werbung und andere Anreize rein.

Studien der Glücksforschung zeigen, dass wir ab einem gewissen Einkommenslevel gleichbleibende Gefühle haben, das Glück steigert sich also nicht ins Unermessliche. Der Wirtschaftsnobelpreisträger Daniel Kahnemann hat gemeinsam mit Ökonom Angus Deaton aus den USA zu diesem Thema geforscht. Sie haben herausgefunden, dass unser Glücksgefühl enorm ansteigt, wenn wir unser Jahreseinkommen von 15.000 auf 30.000 Euro steigern.

Auch wenn wir das neue Einkommen nochmals auf 60.000 verdoppeln, sind wir happy. Aber dann ist Ende im Gelände. Auch wenn es 120.000 Euro wären, das Glück bleibt gleich. Was allerdings glücklich macht (und das kann ich nur bestätigen), ist, wenn wir uns Zeit kaufen, indem wir uns beispielsweise eine Putzhilfe holen oder einen Gärtner (haha, i wish i had a Haus mit Garten und Geld für einen Gärtner). Mein Traum ist ja eine Haushälterin – klingt total dekadent, aber all die Zeit, die ich dann hätte, wäre einfach himmlisch. Some day, maybe …

Kommen wir zurück zum Konsum. Der Ökonom Tim Jackson führt sechs Gründe an, die zu Konsumentscheidungen führen:[16]

1. Befriedigung von Grundbedürfnissen
Verständlicherweise haben wir alle das Bedürfnis nach einer grundlegenden Sicherheit, also beispielsweise eine Unterkunft und Essen.

2. Wohlergehen und Glück
Konsum soll unser Wohlbefinden steigern, indem er uns Dinge leichter und unser Leben bequemer macht. Essen bestellen gehört hier definitiv dazu oder auch Autofahren. Aber auch der Kaffeevollautomat und die Spülmaschine. Freude bringen uns auch Hobbies und Reisen.

3. Attraktivität und Zuneigung
Damit spielt die Werbung sehr gern: Kauf diesen Duft, und du wirst unwiderstehlich. Nimm diese Creme, und deine Cellulite wird verschwinden. Fahr dieses Auto, und jede sexy Lady wird sofort bei dir einsteigen. Wir Menschen haben das Bedürfnis, begehrt zu werden. Laut Jackson geht es hier um starke emotionale und sexuelle Motivationen, es geht um sozialen und sexuellen Wettbewerb, um Aufmerksamkeit und Zuneigung. Diese Bedürfnisse will unsere Konsumgesellschaft durch den Kauf bestimmter Dinge und Dienstleistungen befriedigen.

4. Identität und Zugehörigkeit
Wir sind, was wir besitzen. Das fängt schon in der Schule an, wenn wir uns bestimmte Klamotten gewünscht haben, um ein Zugehörigkeitsgefühl zu erlangen. Bei uns war das in den 90er-Jahren der *Fruit of the Loom*-Pulli, meiner war weinrot – ohne ging nix! Dieser Prozess der Identitätsbildung scheint nie aufzuhören. Wir kommunizieren durch unseren Konsum. Konsumiere und zeige ich bestimmte Dinge, so will ich mitteilen, was meine Ideale sind, von wem ich mich unterscheiden und wie ich mich positionieren will.

5. Gesellschaftliche Bedeutung

Diesen Punkt von Tim Jackson, dem viele entsprechen, kann ich so gar nichts abgewinnen. Er besagt, dass wir durch unseren Konsum andere übertrumpfen wollen. Durch Konsum wollen wir unsere Nachbarn, Freunde und Bekannten in der sozialen Stellung überholen. Macht das befreundete Pärchen einen Trip nach New York, kontern wir mit einem Roadtrip durch Kalifornien und sie wiederum mit einer Reise nach Neuseeland und so fort ...

6. Gewohnheit

Zu guter Letzt spielt die gute, alte Gewohnheit eine große Rolle. Hier denken wir gar nicht über den Konsum nach, weil wir es einfach schon immer so gemacht und bereits von unseren Eltern so gelernt haben. Das nennt man auch Lock-in-Effekt. Wir sind so an eine bestimmte Marke gebunden und davon abhängig, dass wir uns nicht die Mühe machen, uns davon zu lösen. Beispiel: Ich nutze immer Apple-Produkte, weiß, wie sie funktionieren, und deshalb steige ich auf keinen Fall um. Oder ich habe Photoshop erlernt und bleibe dem Programm treu, um mich nicht neu einarbeiten zu müssen. Und dann gibt es noch die kulturelle Anhängigkeit, bei der wir uns einfach an ein bestimmtes Niveau materieller Güter gewöhnt haben – dazu gehört beispielsweise ein Auto, Markenkleidung oder ein Wäschetrockner als absolute Selbstverständlichkeit im Leben.

In Anbetracht immer knapper werdender Ressourcen, aber auch im Hinblick auf mein Haushaltsbuch, bin ich in den letzten Jahren wachsamer geworden, was Konsum betrifft. Ich trage fast ausschließlich Secondhand- und Vintage-Klamotten, habe zahlreiche alte Möbel (mein Küchentisch ist 50 Jahre alt und ein echter Designklassiker), und ich versuche, mit meinen Lebensmitteln so zu haushalten, dass nicht viel im Müll landet. Zu Beginn des ersten Lockdowns in der Corona-Pandemie habe ich konsumiert wie eine Gestörte. Dabei habe ich festgestellt, dass ich durch meinen Konsum eine innere Leere stopfen wollte. Ich konsumierte, weil ich eine Emotion wegshoppen wollte. Das funktioniert aber nicht.

Habt ihr euch schon mal dabei ertappt, dass ihr aus Langeweile eingekauft? Shame on me, ich schon viel zu oft! Nicht nur einmal lag ich abends gelangweilt auf dem Sofa, habe mir schöne Styles angesehen und schon waren sie im Warenkorb gelandet. Mittlerweile frage ich mich vor jedem Kauf, warum ich das Teil kaufen sollte. Denn im Grunde brauche ich nichts. Will ich mich belohnen? Ist mir langweilig? Was brauche ich tief in mir drin wirklich? Konsum kommt meist, wenn wir eine Emotion füttern wollen. Sich davon frei zu machen, ist die Königsdisziplin und ich arbeite dran. Impulskäufe habe ich schon richtig gut im Griff, ist alles eine Übungssache. Es hilft wirklich, sich zu fragen, was gerade im Inneren los ist. Das ist leider meist die mühsamere Variante, die (Achtung, Teufelskreis) anstrengend ist und deshalb oft mit weiterem Konsum gedeckelt wird. Echte Selbsterkenntnis macht wahnsinnig zufrieden, auch wenn der Prozess langwierig und oft ätzend ist. Diese Investition in sich selbst ist jedoch das Beste, was wir tun können, weil es so unfassbar viele Lebensbereiche besser macht. Go for it!

Frag dich in Zukunft doch mal Folgendes:

- **Ist das jetzt ein Impulskauf oder ein lang gehegter Wunsch?**
- **Gibt's eine nachhaltige oder Second-Use-Version von dem Teil?**
- **Hab ich gerade Hunger? (Never go hungrig Lebensmittel einkaufen!)**
- **Steigt meine Lebensqualität, wenn ich das jetzt kaufe?**

IN WAS KANN ICH INVESTIEREN?

Wir investieren, weil wir unser Geld vermehren wollen. Dabei gibt es zahlreiche Möglichkeiten, die einen sind mit mehr, die anderen mit weniger Risiko verbunden. Hier klären wir einmal die gängigsten Investitionen (es gibt noch einige mehr), bis wir im letzten Teil des Buchs, »Kreativ investieren« (➲ ab Seite 154), noch auf ein paar besondere Investitionsmöglichkeiten eingehen.

Investieren fängt schon früh an – kommen wir noch mal auf meine allererste Währung, nämlich Eiskugeln, zu sprechen. In Bad Tölz kam im Sommer immer der Eismann. Das Klingeln hörte man schon von Weitem, sodass immer genug Zeit blieb, Mama um Pfennige anzubetteln. Mit dem Geld in der Hand also schnell die Treppen runtergewetzt und ab zum Eismobil. Theoretisch hätte ich – wäre ich weniger gierig und etwas gerissener gewesen – meine Überredungskünste und großen Kinderkulleraugen einsetzen können, um den Eismann zu überreden, mir zwei Eis zum Preis von einem zu verkaufen. Dann wäre ich zu unserem Nachbarskind Saskia gegangen und hätte ihr das Eis zum normalen Preis verkauft. Und schon wäre das ein super Deal gewesen, ich hätte mein Geld erfolgreich investiert.

Beim Eis war ich nicht so erfindungsreich, bei Blumen jedoch schon. Mit selbst gepflückten Sträußen stand ich mit meiner Kids-Gang am Rand der Jahnstraße, einer Hauptstraße durch den Ort, und habe Geschäfte gemacht – da haben tatsächlich Autos angehalten und unsere Blumen für 5 DM gekauft. Das 5-Mark-Stück war meine Lieblingsmünze, schön groß, glänzend und für mich einfach irre viel wert. Für die schönsten Bouquets habe ich den Nachbarsjungen Christoph in fremde Gärten geschickt, um Blumen zu klauen – zum Glück habe ich diese kleinkriminellen Tendenzen rasch wieder abgelegt. Hätte ich die Leute einfach gefragt, ob ich die Blumen nehmen darf, und ihnen dafür einen Teil des Verkaufs abgegeben, dann wäre nicht nur das schlechte Gewissen weg gewesen, nein, ich hätte meine Nachbarn sogar zu Anlegern und mich selbst zur Investmentmanagerin gemacht.

Klingt simpel? Ist es im Grunde auch – wir müssen nur einmal die Logik hinter den einzelnen Investmentprozessen begreifen und uns mit den dabei eingesetzten Begriffen beschäftigen (dabei hilft als tägliches Nachschlagewerk auch das Glossar am Ende dieses Buches). Prinzipiell können wir in alles investieren. Dennoch gibt es auf dem Markt Zusammenschlüsse verschiedener Möglichkeiten. Diese Gruppierungen nennt man Anlageklassen (Asset classes). Wir sehen uns einmal die geläufigsten an, darüber hinaus gibt es noch einige mehr, die aber ziemlich spekulativ, risikoreich und für Anfänger (mich eingeschlossen) nicht ratsam sind.

Aktien

Geht ein Unternehmen an die Börse, dann wird es zum Aktienunternehmen. Es wird dann in sehr viele kleine Anteile aufgeteilt, die wir käuflich erwerben können. Wie viel uns an der Firma gehört, hängt damit zusammen, wie viele Aktien das Unternehmen herausgibt und wie viele davon uns gehören. Mit Aktien haben wir also die Möglichkeit, kleine Teile eines Unternehmens zu erwerben.

Meine erste Aktie, die ich vor noch gar nicht allzu langer Zeit gekauft habe, ist die von LVMH – genau genommen habe ich gleich zwei gekauft. Der Preis: rund 700 Euro pro Aktie. Damit gehört mir nun ein Mini-Teil des Luxusunternehmens LVMH (Moët Hennessy Louis Vuitton) mit einem jährlichen Umsatz von etwa 44,7 Milliarden Euro. Mit dem Kauf meiner zwei Aktien mache ich nichts anderes, als darauf zu wetten, dass LVMH sich weiterhin gut entwickelt und meine Anteile am Unternehmen damit im Wert steigen. Wenn ich die Aktien dann irgendwann verkaufe, mache ich einen Gewinn. Es kann aber auch passieren, dass der Erfolg einbricht und ich im Zweifel einen Verlust mache. Deshalb sollten wir uns immer gut informieren, wie sich ein Unternehmen entwickeln oder aufstellen könnte, bevor wir investieren.

Die zwei für mich wichtigsten Börsenweisheiten sind: »Lege nie alle Eier in einen Korb« und »Hin und her macht Tasche leer«.

Hin und her ist an der Börse nie gut, es sei denn, du bist Profi-Trader. Ansonsten: Füße stillhalten. Hektisches Handeln, wie wir es aus zahlreichen Filmen kennen, und das typische »Kaufen!«/»Verkaufen!«-Gebrülle lassen wir mal schön sein. Zum einen machen wir schneller Fehler, wenn wir nervös sind, und zum anderen verursacht jeder Handel Kosten. Ich gehe mit der Buy-and-hold-Strategie, was bedeutet, dass ich eine Aktie kaufe und sie Jahre, wenn nicht Jahrzehnte einfach liegen lasse. Diese Strategie funktioniert mit etablierten Aktien nachhaltig orientierter und zukunftsfähig aufgestellter Unternehmen, auch mit entsprechenden Fonds oder ETFs. Außerdem hilft Buy & Hold beim Einstieg an der Börse. So hat man schon einmal investiert und sich auf das Terrain gewagt und kann von dort aus beobachten, sich weiterbilden und gegebenenfalls neue Pfade ausprobieren. In der ersten Zeit habe ich fast täglich in mein Depot geschaut und wurde wirklich nervös, wenn der Kurs sank. Dann habe ich mich immer an die eigene Nase gepackt, durchgeatmet, die App geschlossen und mich an Weisheit Nummer 1 erinnert.

Meine andere Lieblingsweisheit lautet: »Lege nicht alle Eier in einen Korb.« Wenn ich nur in Aktien, schlimmer noch, nur in eine einzige Aktie investiere, gehe ich ein hohes Risiko ein. Im schlimmsten Fall stürzen die Börsen ein, und mein Portfolio ist im Keller. Vielleicht erinnert ihr euch an das Fiasko mit der Telekom-Aktie, die groß angepriesen wurde, im Turbo nach oben schnellte und am Ende rund 90 Prozent an Wert verlor – für zahlreiche Privatanlegerinnen eine absolute Katastrophe, versprach der damalige Telekom-Chef beim Start der sogenannten Volksaktie im Jahr 1996 doch, dass die T-Aktie »so sicher wie eine Zusatzrente« sein werde. Deutsche führen bei ihrer

Börsenangst immer genau dieses Negativbeispiel an – meist ohne sich wirklich auszukennen. Hauptsache Ablehnen, scheint die Devise vieler Almans zu sein.

Dabei müssen wir die Börse nicht verteufeln. Wir sollten aber unser Risiko streuen, das bezeichnet man als Diversifikation. Eine breite Streuung meiner Anlagen verringert das Risiko. Du solltest dein Erspartes also nicht nur auf verschiedene Anlageklassen wie Aktien, Anleihen, Immobilien oder Rohstoffe verteilen, sondern deine Anlagen auch innerhalb der Assetklassen auf verschiedene Werte verteilen, sprich, unterschiedliche Aktien, ETFs und Co. kaufen.

Anleihen

Hier leihst du einer Firma oder auch einem Staat Geld. Mit dem Geld wirtschaftet das Unternehmen. Apple baut zum Beispiel eine neue Fabrik für die Produktion von Macbooks, um der hohen Nachfrage nachzukommen. Damit sie das tun können, benötigen sie Geld. Das Geld leihen sie von dir und versprechen dir im Gegenzug einen Zinssatz, den du bekommst, sobald die Fabrik in Betrieb geht und Apple dadurch mehr Umsatz erwirtschaftet.

Anleihen sind Wertpapiere und werden ebenfalls an der Börse gehandelt. Im Gegensatz zu Aktien und anderen Wertpapieren ist hier alles genau festgelegt: Wann erfolgt die Rückzahlung, und wie hoch sind die Zinsen? Anleihen werden auch als Rentenpapiere, Bonds, Loans, Schuldverschreibungen, Obligationen oder festverzinsliche Wertpapiere bezeichnet.

ETFs und Fonds

Fonds oder doch lieber ETF? Was ist eigentlich der Unterschied?

Starten wir mit den Fonds: Ein Fonds ist ein Zusammenschluss, wir haben verschiedene kleine Teile, die einen Fonds ergeben. Wenn wir also Geld in einen Aktienfonds investieren, dann kaufen wir ganz viele kleine Stücke verschiedenster Aktien. Dadurch können wir das Risiko besser verteilen. Welche Aktien der Fonds kauft, ist fest geregelt und darf sich nur in diesem Rahmen bewegen.

Ich machte bei Fonds früher immer gern den »Ich kenne nur Hühnerfond«-Witz. So dumm und platt er ist, im Grunde ist es eine ganz gute Analogie. Auch ein Geflügelfond besteht aus vielen kleinen Teilen, wie zum Beispiel Huhn (logisch), Zwiebeln, Pastinaken, Salz, Karotten oder Pfeffer. Auf dem Etikett lese ich, was mein Fond alles beinhaltet. So ist es auch bei unseren Aktienfonds, wir sehen, in welchem Rahmen sie sich bewegen. Wenn ich also in einen Hühnerfond investiere, will ich da keinen Fisch drin sehen, Capiche?

Oder stellt euch mal eine Schachtel Pralinen vor. Wir kaufen eine große Packung mit unterschiedlichen Sorten. Damit erhöhen wir die Wahrscheinlichkeit, dass etwas aus dieser Packung ganz besonders lecker schmeckt (in meinem Falle gern Marc de Champagne oder Marzipan). Und wir minimieren das Risiko, eine Schachtel mit lauter Nougat-Pralinen wegwerfen zu müssen – sorry an dieser Stelle an alle Nougat-Lover, ihr dürft meine Schachtel natürlich gern aufessen. Pralinenscherz beiseite, ihr wisst, worauf ich hinauswill.

Jetzt ist es bei einem Fonds nicht so wie bei Forrest Gump, »man weiß nie, was man bekommt«, sondern wir können uns sehr wohl vorher damit auseinandersetzen, in was wir investieren.

Ein ETF ist quasi dasselbe mit unterschiedlicher Handhabung. Während ein Fonds aktiv gemanagt wird, da also ein Mensch sitzt (Fondsmanager), der diesen verwaltet, ist ein ETF passiv. Bei der Gründung des Fonds wird festgelegt, in was investiert werden soll, beispielsweise nur in erneuerbare Energien. Innerhalb dieses Bereichs kann unser Fondsmanager entscheiden, ob und wann Anteile verkauft oder gekauft werden, und den Fonds so aktiv verwalten.

Bei einem ETF ist der Zusammenschluss nicht so flexibel. Ein ETF ist immer passiv, und da ist keine Person, die aktiv entscheidet, dass nun etwas ge- oder verkauft wird, um den Kurs zu beeinflussen. Ein ETF orientiert sich immer an einem Index. Das kann zum Beispiel der Deutsche Aktienindex (DAX) sein. Der DAX beinhaltet immer die 30 erfolgreichsten Unternehmen in Deutschland. Orientiert sich ein ETF also am DAX, dann gewinnt er, wenn der DAX gewinnt. Geht der DAX allerdings nach unten, greift niemand aktiv ein, um die Verteilung der Aktien zu korrigieren.

In der Regel sind ETFs erfolgreicher als Fonds, vor allem auch günstiger, denn der aktiv gemanagte Fonds kostet mehr, weil hier ein Manager sitzt, der auch bezahlt werden muss. ETFs erfahren seit geraumer Zeit einen regelrechten Boom.

Egal ob ETF oder Fonds, beides sind super Tools, um mit wenig Aufwand langfristig zu investieren. Ich persönlich habe mit Fonds angefangen, weil ich mich damit sicherer gefühlt habe, mittlerweile sind aber auch ETFs dazugekommen. Bei beiden investiere ich mit einem sogenannten Sparplan. Ich investiere jeden Monat eine bestimmte Summe in Fonds und ETFs per Dauerauftrag, manche meiner Sparpläne sind mit 25 Euro angesetzt, andere mit 100 Euro. Insgesamt spare ich pro Monat 1000 Euro mit Sparplänen. Warum ich diese Summe nicht auf einmal investiere? Nun ja, zum einen habe ich nicht mal schnell 12.000 Euro auf der Hand, und zum anderen läuft als Selbstständige nicht jedes Jahr so rosig, dass ich so viel zur Seite legen kann.

Ein Sparplan lässt mich also flexibel agieren, und ich kann mit kleinen Summen arbeiten, aber was noch spannender ist, ist der Durchschnittskosteneffekt, auch Cost-Average-Effekt genannt. Und der funktioniert so: Wenn Kurse zeitweise gefallen sind, kaufe ich für meine Sparrate viele Fondsanteile ein. Stehen die Kurse gerade sehr hoch, ist es dementsprechend andersherum. Weil ich bei meinen Anlagen langfristig denke, profitiere ich über die Zeit von einem ausgewogenen Durchschnittskurs. Ich brauche mir auch keine Sorgen um den perfekten Einstiegszeitpunkt zu machen.

Der Trend an der Börse geht nach oben, der Cost-Average-Effekt spielt keine allzu große Rolle, denn er funktioniert nur bei stark schwankenden Kursen gut, trotzdem fühle ich mich mit den regelmäßigen Zahlungen wohler.

Energie und Rohstoffe

Bei Rohstoffen ist Gold wohl ein Edelmetall, von dem viele wissen, dass man darin investieren kann. Aber auch mit Windkraft oder Agrarprodukten können wir Renditen erzielen. Gold ist in seinem Wert relativ beständig und daher ein eher risikoarmes Investment.

Wie bei Aktien oder ETFs gibt es auch hier die Möglichkeit, seinen Tresor mit einem monatlichen Goldsparplan zu füllen. Du kannst dabei selbst entscheiden, ob das Gold bei dir zu Hause liegt oder bei der Anbieterin. Bei der Investition in Gold gibt es zahlreiche andere Varianten wie Münzen, Barren, aber auch ETFs und Co. Gold ist als Edelmetall in der EU steuerfrei und zählt als Sondervermögen, was bedeutet, dass es bei einer Insolvenz der Anbieterin geschützt ist. Der Goldpreis schwankte in den vergangenen zwei Jahrzehnten pro Jahr im Durchschnitt stärker als etwa Aktienkurse. Damit ist das Edelmetall nicht mehr als die zuverlässige Geldanlage anzusehen, die es einmal war. Zumal Gold keine innere Wertentwicklung hat wie etwa ein Unternehmen – und damit eben Aktien. Der Goldpreis ergibt sich hauptsächlich aus der Nachfrage der Käuferinnen. Von 2011 bis 2021 legte der Goldpreis nur um 1,5 Prozent zu, während der Aktienindex MSCI World seinen Investorinnen einen Ertrag von sage und schreibe 308 Prozent einbrachte.[17]

Wie wir zu Beginn des Buchs gelernt haben, ist Gold eines der ältesten Zahlungsmittel überhaupt und überall auf der Welt akzeptiert. Die weltweiten Goldreserven sind begrenzt, weshalb das Edelmetall wahrscheinlich immer einen gewissen Sachwert behalten wird. Schauen wir uns jedoch die Entwicklungen der letzten 30 Jahre an, dann ist ganz klar, dass wir mit globalen Aktienindizes wie dem MSCI World besser bedient sind.

Neben Gold gibt es selbstverständlich noch andere Rohstoffe und Energien, die eine Betrachtung wert sind. Wie bei jeder Investition ist eure vorherige Auseinandersetzung damit Grundvoraussetzung. Momentan ist Lithium gefragt, weil es für die Technologie der Zukunft, beispielsweise Elektroautos, essenziell ist. Nehmen wir aber einmal an, dass ein synthetischer Rohstoff entwickelt wird, der einfacher in der Produktion und außerdem kostengünstiger ist. Dann ist Lithium passé. Bewertet also realistisch, wie der Markt sich langfristig entwickeln könnte, und beachtet das bei euren Investitionen.

Währungen

Obwohl eine Investition in Währungen für Ottonormal-Vreni nicht wirklich üblich ist, möchte ich auf dieses Thema eingehen, weil vor allem ein Begriff immer wieder fällt, den wir alle kennen, den aber kaum jemand erklären kann: »Krypto«. Dazu kommen wir gleich. Erst klären wir, wie man mit Währungen Gewinne erzielen kann.

Gehen wir von einem ganz normalen Urlaub aus, bei dem wir Geld eingetauscht haben. Wir verreisen zum Beispiel nach Kalifornien und bekommen für 1 Euro 1,50 Dollar. Drei Jahre später sind wir wieder in den USA, bekommen aber für unseren Euro nur 0,90 Dollar. Währungsschwankungen gibt es ständig, und sie haben unterschiedliche Gründe. Prinzipiell gilt jedoch, dass eine starke Währung vor allem mit dem Glauben an die Kaufkraft dieser Währung in der Zukunft zusammenhängt. Geht es der Wirtschaft in einem Land gut, ist tendenziell auch die Währung hier stärker. Und jetzt kommt die Investition ins Spiel. Wir erinnern uns: Alles, was dafür sorgt, dass wir einen Mehrwert erzielen können, ist eine Investitionsmöglichkeit.

Wir kaufen also eine bestimmte Währung und warten, bis der Kurs steigt. Wir spekulieren darauf, dass mehr Menschen diese Währung nutzen wollen oder dass die Zentralbanken das Geld, das sie ausgeben, verknappen. Ich habe das mal aus Versehen mit englischen Pfund gemacht. Vor etwa 15 Jahren habe ich in London gelebt und vergessen, ein Konto aufzulösen. Als ich drei Jahre später endlich dazu kam, habe ich richtig Gewinn gemacht, weil der Kurs für mich megagut stand. Das war aber einfach nur Vergesslichkeit gepaart mit Faulheit und hatte nichts mit Kalkül zu tun. Und mit megagut meine ich so um die 60 Euro Gewinn, aber hey, als arme Arbeitsanfängerin war das richtig viel!

So ungefähr können wir es uns also vorstellen. Oder wir tauschen Geld für unseren Urlaub um und vergessen, den Rest wieder zurückzutauschen. Nach einem Jahr merken wir, dass wir noch 'ne ganze Menge Schotter in dieser Währung haben. Wir planen aber keine weitere Reise in dieses Land, also lassen wir es erst mal einfach liegen. Zwischenzeitlich entwickelt das Land eine neue Erfindung, die enorme Wirtschaftskraft hat. Die Währung wird attraktiv, wir tauschen das Geld zurück und machen Gewinn. Wie bei allen Investments kannst du diese Wette aber auch verlieren.

Jetzt kommen wir wie versprochen zu den Kryptowährungen. Sie sind eine besondere Form des Währungsinvestments, weil sie nicht staatlich reguliert sind. Dadurch kann es zu enormen Schwankungen kommen. Eine dieser Kryptowährungen nennt sich Bitcoin. Tesla-Gründer Elon Musk hat einmal erwähnt, dass man ab sofort mit der Bitcoin Autos von Tesla kaufen kann. In diesem Moment ist der Wert von Bitcoin rapide nach oben geschnellt. Doch der Fall ließ nicht lange auf sich warten, denn der gute Elon widerrief seine Aussage am nächsten Tag – der Kurs rauschte in den Keller. Bei einer klassischen, vom Staat regulierten Währung kann das quasi nicht passieren, sie ist um einiges stabiler, und ihr Wert hängt nicht von der subjektiven Aussage eines Prominenten ab. Krypto ist zum einen unsicher und außerdem noch schwer einschätzbar. Weil ein Investment hier hoch riskant ist, kann man aber auch hohe Gewinne einfahren, was bei normalen Währungen moderater abläuft.

Im Grunde kann jede von uns hier ihre eigene Währung gründen. Voraussetzung ist, dass die Währung auf einer sogenannten Blockchain aufgebaut ist und dass wir Menschen finden, die an unsere Währung glauben. Kryptowährungen zählen zu den bahnbrechendsten Erfindungen unserer Zeit, und es ist höchst spannend, wie sich alles entwickeln wird. Früh im Thema zu sein, lohnt sich allemal.

Wenn wir über Krypto sprechen, müssen wir zunächst die Blockchain begreifen, noch so ein Begriff, den wir alle kennen und nicht erklären können – das ändern wir jetzt. Die Blockchain ist ein betrugssicheres System, das eben unter anderem für Kryptowährungen verwendet wird. Genau hierfür wurde sie nämlich entwickelt. Sie bietet Sicherheit, wenn es um vertrauliche Daten geht, und zeigt transparent auf, was, wie und in welcher Zeit mit Daten passiert ist. Die Blockchain ist also eine Kette an Datensätzen, ein dezentralisierter Informationsspeicher und damit betrugssicher (hoffentlich bleibt das so!). Die Veruntreuung von Geldern, beispielsweise durch Banken oder Staaten, wird verhindert.

Damit ihr euch das besser vorstellen könnt, spielen wir ein Beispiel durch, das die Blockchain anhand einer Kryptotransaktion erklärt:

1. Vreni will Gizem Geld schicken.
2. Sie loggt sich dafür in ihr Konto »Wallet« ein.
3. Das Wallet kann Vreni nur mit einem verschlüsselten Code öffnen.
4. Sie stellt eine Transaktionsanfrage.
5. Vrenis Anfrage wird an ein Netzwerk von Menschen gesendet, deren Rechner aktuell Daten hosten und zertifizieren. Was diese Rechner tun, wird als »Mining« bezeichnet. Beim Mining werden Transaktionen verarbeitet und gesichert oder neue Bitcoins erzeugt. Hierfür arbeiten die Rechner mit kryptografischen Algorithmen, deshalb auch der Begriff Kryptowährung. Das Mining ist eine Art dezentrales Bitcoin-Rechenzentrum mit Teilnehmern auf der ganzen Welt, die eine Belohnung für ihre Dienste erhalten. Die Auszahlung der jeweiligen Bitcoin-Anteile richtet sich nach der Rechenkapazität, die zur Verfügung gestellt wird.
6. Jetzt wird Vrenis Anfrage also geprüft. Die Prüfung und auch die Bestätigung (oder Ablehnung) von Vrenis Anfrage wird als Block-Datensatz an die Transaktion angehängt.
7. Ein neuer Block-Datensatz entsteht. Er wird der Kette an vorausgegangenen Datensätzen angefügt, die Blockchain, also unsere Datenkette, wächst.
8. Gizem wird in ihrem Wallet der Anteil an Coins gutgeschrieben, die Vreni ihr geschickt hat.

Transaktionen in der Blockchain sind jederzeit für alle einsehbar. Man kann klar nachvollziehen, wann welcher Wert von welchem Konto abgegangen ist oder wer etwas dazubekommen hat. Das sind natürlich vertrauliche und sensible Daten, deshalb bist du als Userin verschlüsselt. Du bekommst einen Code, der mit deiner IBAN vergleichbar ist. Im Unterschied zur IBAN kann ich jedoch, wenn ich deinen Code weiß, sämtliche Transaktionen einsehen, die hier jemals generiert wurden. Die Blockchain bietet also ein Höchstmaß an Sicherheit in Kombination mit uneingeschränkter Transparenz. Das macht es für Betrüger fast unmöglich, nicht entlarvt zu werden. Gleichzeitig kann ich als Besitzerin einsehen, wenn beispielsweise meine Bankberaterin das Geld für Zwecke verwendet, die ich nicht freigegeben habe.

Wenn du in Krypto investieren willst, bieten sich Währungen an, die schon etwas bekannter sind und die bei Tradinganbieterinnen verfolgt werden können. Dazu gehören beispielsweise Bitcoin und Etherum.

Wir kennen nun also die Blockchain, also den technischen Prozess der Datenerstellung. Aber wie funktioniert das denn jetzt mit der Währung?

Nehmen wir das Beispiel Rohstoffe und hier speziell Gold, dann haben wir einen realen Gegenwert. Bei Krypto ist das nicht so. Wir haben auch keine Zentralbank, die den Geldfluss reguliert. An die Stelle einer staatlichen Aufsichtsbehörde (wie in Deutschland die Bundesbank), tritt im Fall von Kryptowährungen ein technologisches Netzwerk, das rein durch automatische und kryptografische Verschlüsselung einen sicheren Austausch ermöglicht.

Bares Geld ist hier nicht physisch verfügbar. Klingt total unrealistisch und dubios? Irgendwie schon, aber denkt einmal daran, dass beim Online-Banking keine Geldpakete mit Banknoten und Münzen von Bank zu Bank oder von Bank zu Händlerin geschickt werden. Unser Geld ist schon lange digital. Weil wir es aber auch im Portmonnaie haben und ab und an aus dem Bankautomaten ziehen, fällt uns das gar nicht so auf.

Positiv an Kryptowährungen ist, dass alles automatisch abläuft. Transparente Protokolle statt Bankerinnen, die sich die Taschen vollstopfen. Klingt großartig und hat Potenzial für klangvolle Zukunftsmusik, aber auch ein paar krasse Nachteile sind am Start. Der größte Nachteil für mich persönlich ist, dass Krypto dazu beiträgt, das Klima zu killen. Mehr dazu findet ihr später im Kapitel »Nachhaltig investieren« (➲ ab Seite 134).

Konsumgüter

In Produkte zu investieren, die wir für den täglichen Gebrauch benötigen, ist mit einem eher kleinen Risiko verbunden, weil die Nachfrage immer da ist. Wir können hier sowohl in einzelne Konsumaktien als auch in Konsumwertefonds investieren. Ein Konsumgut ist für den Endverbrauch durch private Käuferinnen bestimmt, Konsumgüter sind beispielsweise Lebensmittel und Kleidung, aber auch Möbel. Man unterscheidet hier verschiedene Bereiche:

- **Convenience Goods sind für den schnellen Verbrauch bestimmt und werden regelmäßig gekauft, also Lebensmittel, Klopapier, Waschmittel etc.**
- **Shopping Goods sind hochpreisiger und werden daher nicht ganz so häufig gekauft. Hierzu zählen zum Beispiel Markenkleidung, Designermöbel, der neue Laptop und Co.**
- **Specialty Goods bedienen spezielle Wünsche. Die goldene Rolex gehört in diese Kategorie oder teures Porzellan.**
- **Unsought Goods sind entweder nicht wirklich beliebt oder noch wenig bekannt. Das sind oft Dinge, auf die wir keinen Bock haben, weil die Beschäftigung damit nervig ist. Dazu zählen manche Versicherungsleistungen. Unsought Goods werden oft aggressiv beworben, um die Nachfrage anzukurbeln.**

Im Deutschen Aktienindex (DAX = die 30 deutschen Unternehmen, die den höchsten Wert an der Börse besitzen und deren Aktien am stärksten nachgefragt sind) sind als Konsumwerte, beispielsweise Adidas, Beiersdorf oder Henkel, vertreten.

Real Estate

... oder zu Deutsch auch einfach Immobilien. Hier haben wir unterschiedlichste Möglichkeiten, um Investorin zu werden. Die offensichtlichste: Wir kaufen uns eine Wohnung oder ein Haus. Hierfür brauchen wir in der Regel eine Anzahlung von ca. 10 bis 20 Prozent des Kaufpreises und eine Bank, die bereit ist, uns einen Kredit über den Rest zu geben. Oftmals genügt der Bank (bei ausreichendem regelmäßigen Einkommen) die Wohnung oder das Haus selbst als Sicherheit. Unser Eigentum zahlen wir dann über den vorher festgelegten Zeitraum ab. Achtung: Kaufen wir uns in ein Mehrfamilienhaus ein, dann fallen monatliche Kosten wie Hausgeld an. Auch die Kosten für generelle Reparaturen werden auf die Hauseigentümerinnen verteilt. Auch bei einem eigenen Haus kommen zusätzliche Kosten auf uns zu, die man im Vorhinein genau einplanen sollte.
Wichtig ist beim Kauf der Immobilie der Zweck: Will ich selbst drin wohnen, oder kaufe ich sie als Investitionsobjekt? Wie realistisch ist es, dass die Preise in meiner gewünschten Kaufregion noch steigen? Was ist der aktuelle Zinssatz, den ich bei meiner Bank für den Kauf erhalten kann? Was kostet der Kauf mit allen Kosten wirklich, und welchen Preis müsste die Immobilie erzielen, sodass sich ein Verkauf in einigen Jahren wieder lohnen würde (hier auch mögliche Maklerkosten beachten)?

Abgesehen vom Kauf einer eigenen Immobilie können wir auch über Fonds und ETFs zur Immobilieninvestorin werden. Wir erinnern uns: Fonds und ETFs sind Zusammenschlüsse vieler kleiner Investmentmöglichkeiten. Ist der Fonds oder der ETF auf Immobilien ausgerichtet, kann er unterschiedlichste Immobilienprojekte beinhalten. Und das weltweit: So kann ein Teil beispielsweise in den Burj Khalifa in Dubai investiert sein, gleichzeitig wird ein Teil deines Geldes für ein Bauprojekt in Kalifornien verwendet. Hier ist es natürlich essenziell, sich anzusehen, welche Projekte in dem jeweiligen Fonds oder ETF liegen und für wie realistisch man es hält, dass die Preise hierfür weiter steigen.

Das Investieren in Immobilienprojekte wird oft kritisch gesehen, da man dabei auch in Unternehmen wie die Deutsche Wohnen investieren kann, die natürlich als Aktiengesellschaft darauf bedacht sind, hohe Dividenden für ihre Anleger zu generieren und das oft zulasten der Mieter. Deshalb habe ich 2021 für die Enteignung der Deutsche Wohnen abgestimmt. Sieh dir unbedingt gut an, wem du dein Geld gibst.

Versicherungen

Versicherungen können selbstverständlich auch Investments sein. Da dieser Teil so wichtig und gleichzeitig so umfangreich ist, habe ich hierüber ein extra Kapitel geschrieben. Ihr findet das Thema Versicherungen unter »Vorausschauend investieren« (➲ ab Seite 105) im nächsten Teil.

Start-ups

Um in junge Technologieunternehmen zu investieren, brauchst du mächtig Asche? Nicht unbedingt. Immer mehr Start-ups versuchen sich am sogenannten Crowdinvesting, bei dem sie Gelder von Einzelpersonen sammeln und diese Personen im Gegensatz dazu Anteile am Unternehmen erhalten. Ein bisschen kannst du dir das wie Aktien vorstellen. Du gibst dem Unternehmen Geld, das Unternehmen arbeitet damit, und im besten Fall wird es durch die investierte Zeit und Arbeit langfristig mehr wert sein als zu dem Zeitpunkt, zu dem du investiert hast.

Ich selbst habe gerade erst damit begonnen, mich mit Crowdinvesting auseinanderzusetzen. Ich habe in meine eigene Bank investiert, die 2021 ganze acht Millionen von Privatpersonen eingesammelt hat – das ist natürlich kein wirkliches Start-up, weil schon ziemlich gesettled. Darüber hinaus habe ich in Nuumi investiert, eine Firma, die die Zigarettenentwöhnung revolutionieren will und deren Konzept ich super finde (auch als Nichtraucherin).

Achtung: Gerade bei Start-ups solltet ihr niemals all euer Geld investieren, und wenn überhaupt, dann streuen – am besten auf 10 verschiedene Unternehmen. Denn: Laut Statistik scheitern 80 Prozent aller Start-ups innerhalb der ersten drei Jahre. Wirklich Erfolg hat nur eins von 10 Start-ups. Ist also ein bisschen wie Roulette, nur mit weniger Zufall, weil man ja doch den Markt kennt und dann versucht, ihn einzuschätzen. Wenn du aber alles auf 13 Rot setzt, kann das funktionieren und dich reich machen, aber im Zweifel auch ruinieren.

VORAUSSCHAUEND INVESTIEREN

I believe
that one of life´s
greatest
risks
is never daring to risk.

OPRAH WINFREY

FRÜHER AN SPÄTER DENKEN – DER VERSICHERUNGS-TÜV

Wenn wir keinen Stress mit unseren Finanzen haben wollen, dann sollten wir vorsorgen. Ja, das hatten wir schon, Altersvorsorge klingt einfach immer so, als wäre das ganz furchtbar weit weg und wir hätten noch unfassbar viel Zeit dafür. Aber, Surprise, leider spart sich der angenehme Ruhestand nicht in zwei Jahren zusammen – zumindest nicht bei uns Normalsterblichen. Und nicht nur das Alter gehört zu einer Vorsorge, auch unsere Gesundheit oder der Schutz von Hab und Gut. Deshalb gibt es Versicherungen. Die einen sind dringend notwendig, die anderen vielleicht nur Geldmacherei. In diesem Kapitel sprechen wir also über sämtliche Möglichkeiten, um viele Risiken im Leben zu minimieren. Bestmögliche Absicherung, damit wir alles andere, was wir uns wünschen, riskieren können.

Sicher ist sicher. Versicherungen kann man viele haben. Wie erkennen wir aber, welche wirklich Sinn machen und ob wir unter- oder überversichert sind? Wie in so vielen anderen Finanzfällen auch sind hier unsere persönlichen Lebensumstände wichtig. Bin ich eine alleinstehende Frau Mitte 30 in einer Mietwohnung, dann benötige ich andere Versicherungen als eine Hauseigentümerin mit drei Kindern. Es gibt nicht die *eine* Strategie für alle. Allerdings können wir uns an Richtwerten orientieren, und es gibt natürlich Versicherungen, die wir alle haben oder in bestimmten Lebensabschnitten dazunehmen sollten. Viele Versicherungen sind sinnvoll, wenn wir in unserem Alltag keine bösen Überraschungen erleben wollen. In diesem Teil klären wir, welche das sind und welche wir uns gut überlegen sollten.

Eines vorneweg: Bei einigen Versicherungen haben wir keine Wahl, sie sind gesetzlich Pflicht. Dazu gehören die Krankenversicherung, die Kfz-Haftpflicht, wenn wir ein Auto besitzen, und für viele auch die gesetzliche Rentenversicherung. Bei der Kfz-Haftpflicht können wir uns noch für Voll- oder Teilkasko entscheiden. Wichtig: Kümmert euch rechtzeitig um die Kfz-Versicherung, sonst droht ein Bußgeld.

Bist du angestellt, dann hast du eine gesetzliche Rentenversicherung. Der Beitrag wird jeden Monat automatisch vom Gehalt abgezogen. Für viele ist diese Rentenversicherung der einzige Baustein in der Altersvorsorge. Oft reicht die gesetzliche Rente jedoch nicht aus, dann macht eine zusätzliche private Altersvorsorge Sinn. Wer wie ich selbstständig oder freiberuflich arbeitet, sollte unbedingt privat vorsorgen – das klären wir also gleich im entsprechenden Abschnitt. Egal ob gesetzlich oder privat, die Rentenversicherung ist neben der Krankenversicherung die wohl wichtigste Absicherung, weshalb sie bei den meisten auch gesetzlich vorgeschrieben ist. Eine Rente soll unsere Lebenshaltungskosten im Alter abdecken.

Leben und Beruf

Damit wir unser Leben so sorgenfrei wie möglich gestalten können, gibt es eine Vielzahl von Hilfsmitteln. Dazu gehören auch Versicherungen. Sie sind dazu da, dass ohnehin schwierige Situationen nicht auch noch finanziell einschlagen.

Privathaftpflichtversicherung

Die Privathaftpflicht ist wohl mit die wichtigste Versicherung, die du haben kannst und haben solltest. Sie schützt dich bei existenzbedrohenden Situationen, falls beispielsweise durch deine Schuld ein Mensch zu Schaden kommt. Das ist aber der Worst Case. Sie übernimmt auch die Kosten, wenn dir das Handy deiner Freundin runterfällt oder du beim Umzug von Bekannten einen Karton voll Glas fallen lässt. Ich persönlich habe meine Haftpflichtversicherung allerdings noch nie in Anspruch genommen (dreimal auf Holz geklopft), für meinen Bruder war sie goldrichtig, als sein kleiner Sohnemann meinte, Tee über meinen Laptop verschütten zu müssen, und das Ding danach den Geist aufgab.

Ein anderer Fall war der Urlaub mit Freundinnen in Spanien, als wir versehentlich das Poolhaus der Finca zum Einsturz brachten – fragt nicht … Die Tanzeinlage unseres Kumpels war glücklicherweise abgesichert, und auch seine Auslandskrankenversicherung hat ihm mit einem gebrochenen Bein auf der einen Seite und einem Bänderriss auf der anderen den finanziellen Arsch gerettet. Zum Glück ist das glimpflich ausgegangen.

<u>Wichtig:</u> Klärt die Versicherungshöhe ab, also bis zu welchem Wert abgesichert wird, wie die Eigenbeteiligung ist und was aus der Versicherung ausgeschlossen ist. Übrigens kann es sich durchaus lohnen, Versicherungen jährlich im Voraus zu bezahlen, da oftmals bei Einmalzahlungen Rabatte angeboten werden.

Berufsunfähigkeitsversicherung

Die Berufsunfähigkeitsversicherung (kurz BU) ist Rettung in der Not, wenn du plötzlich nicht mehr arbeiten kannst. Sie greift, wenn du aufgrund einer Krankheit außer Gefecht gesetzt bist. Sofern du es mitversichert hast, deckt sie auch psychische Erkrankungen ab. Mit einer BU verhinderst du, in plötzliche Armut zu geraten und deinen Lebensstil auf das Minimum reduzieren zu müssen.

Ich persönlich habe leider keine Chance auf eine BU, da ich schon früh in Behandlung wegen Depressionen war und mit 30 noch eine Autoimmunkrankheit hinzukam. Also sichere ich mich anders ab, indem ich mein Erspartes breit streue und bestenfalls irgendwann Immobilienbesitzerin bin – das würde mir noch mal zusätzliche Sicherheit geben.

Die häufigsten Gründe, weshalb eine BU in Anspruch genommen wird, sind übrigens psychische Erkrankungen (ohne Süchte), Krebs oder Erkrankungen an Muskeln, Skelett oder Bindegewebe.

Wichtig: Du musst vor dem Abschluss Gesundheitsfragen beantworten. Hier bitte unbedingt alles ehrlich angeben, denn sonst übernimmt die Versicherung im Fall der Fälle die Kosten nicht. Lieber also bestimmte Teile nicht mitversichern können und dafür beim Rest safe sein.

Erwerbsunfähigkeits-/Grundfähigkeitsversicherung

Du kannst keine Berufsunfähigkeitsversicherung abschließen oder sie ist schlichtweg zu teuer für dich? Dann ist die private Erwerbsunfähigkeitsrente eine mögliche Alternative. Sie deckt weniger ab, bietet aber zumindest einen Basisschutz für den Fall, dass du eine längere Zeit nicht arbeiten kannst.

Allerdings tritt die Erwerbstätigkeitsversicherung erst in Kraft, wenn du weniger als 3 Stunden am Tag in deinem Beruf arbeiten kannst. Die BU zahlt bereits ab 50 Prozent Ausfall.

Wenn du beispielsweise handwerklich arbeitest, aber auch Büroaufgaben hast und diesen weiterhin mehr als 3 Stunden nachkommen kannst, dann zahlt die Versicherung nicht.

Je jünger und gesünder du bist, desto geringer ist auch dein Beitrag zur Versicherung. Für Auszubildende und Studentinnen sind besonders diejenigen Tarife interessant, die später ohne erneute Gesundheitsprüfung in eine Berufsunfähigkeitsversicherung umgewandelt werden können. Psychische Erkrankungen sind hier übrigens mitversichert.

Wichtig: Wähle immer einen finanzstarken Versicherer, da du deine Zahlungen nur erhalten wirst, wenn die Versicherung auch in 20 oder 30 Jahren noch zahlungsfähig ist.

Risikolebensversicherung

Bei der Risikolebensversicherung versicherst du nichts Geringeres als deinen Tod. Hier schließt du über einen festgelegten Zeitraum eine Versicherung ab, die bei deinem Ableben in Kraft tritt. Stirbst du allerdings dummerweise in dem von euch festgelegten Zeitraum nicht, dann gibt's auch keine Asche von der Versicherung. Im besten Fall sind deine Hinterbliebenen aber abgesichert, beispielsweise kannst du dafür sorgen, dass ein Hauskredit nach deinem Ableben getilgt ist.

Wichtig: Überlege dir den Grund für die Versicherung und wen oder was du absichern willst. Achte darauf, dass die Versicherungssumme ausreichend hoch ist. Wenn es in deinem Leben grundlegende Veränderungen gibt, vergiss nicht, Laufzeit und Höhe entsprechend anzupassen.

Tierhaftpflichtversicherung

Dein Hund flitzt durch die Wohnung einer Freundin und wirft die kostbare Vase um? Dein Pferd dreht durch und verletzt dabei einen anderen Menschen? Die Kosten, die hier entstehen, deckt eine Tierhaftpflichtversicherung. Sie ist besonders für Halter von größeren Tieren wie Hunden oder Pferden wichtig. Für kleine Tiere und Tiere, die nur zu Hause gehalten werden, ist sie weniger bis gar nicht relevant.

Wichtig: Einige Versicherer schließen bestimmte Hunderassen aus oder erheben dafür erhöhte Beiträge. Informiere dich im Vorfeld, wie dein Wunschhund versichert werden kann und welche Beitragshöhe auf dich zukommt. In einigen Bundesländern ist es Pflicht, eine Tierhaftpflichtversicherung für bestimmte Tiere zu haben.

Unfallversicherung

Solltest du einen bösen Unfall haben, kommen viele Kosten auf dich zu. Einige dieser Kosten werden von deiner Krankenkasse übernommen. Andere müssen zusätzlich abgedeckt werden. Bei einem Unfall entstehen nicht nur medizinische Kosten, sondern auch unmittelbare Ausgaben wie Krankentransport oder langfristige Kosten für Betreuung (Pflegegelder) oder Umschulungen können entstehen.

Wenn du angestellt bist, dann hast du das in deiner gesetzlichen Unfallversicherung abgedeckt. Bei einer privaten Unfallversicherung, wie ich sie als Selbstständige habe, bekommst du im Fall eines Unfalls mit bleibenden Schäden eine Einmalzahlung in der Höhe deiner Versicherungssumme.

<u>Wichtig:</u> Achte darauf, was in deinem Vertrag in welcher Höhe versichert ist, und prüfe, ob das zu deiner Lebenssituation passt. Wenn nicht, lass den Vertrag anpassen.

Rechtsschutzversicherung

Du hast Ärger mit der Arbeitgeberin, der Vermieterin oder musst wegen eines Unfalls vor Gericht? Damit du dir das jederzeit ohne finanzielle Löcher leisten kannst und nicht etwa aus Kostengründen auf dein Recht verzichten musst, gibt es die Rechtsschutzversicherung. Sie sorgt dafür, dass deine Anwaltskosten im Fall einer Niederlage getragen werden.

<u>Wichtig:</u> Du schließt eine Rechtschutzversicherung immer für einzelne Bereiche ab. Achte darauf, dass die versicherten Punkte zu deiner Lebenssituation passen. Ich habe für meinen Beruf beispielsweise eine Media-Haftpflicht mit passivem Rechtsschutz,

sprich, Kosten werden nur übernommen, sollte ich verklagt werden. Um aktiv zu klagen, ohne selbst alles zahlen zu müssen, brauche ich eine »klassische« Rechtsschutzversicherung.

Ausbildung und Vorsorge

Da unsere Lebenshaltungskosten immer weiter steigen, ist es ratsam, neben der gesetzlichen Rente eine (zusätzliche) private Rentenversicherung abzuschließen. Hier gibt es verschiedene Möglichkeiten. Für Freiberufler, die kein unverschämt hohes Erbe erwarten (wie mich), ist eine private Absicherung unbedingt notwendig, um die Lebenshaltungskosten im Alter zu sichern. Bei den privaten Rentenversicherungen könnt ihr euch am Ende entscheiden, ob ihr eine einmalige Auszahlung wünscht oder eine lebenslange Ratenzahlung. Der Weg bis dahin kann ganz individuell gestaltet werden.

Klassische Rentenversicherung

Bei der klassischen Rentenversicherung zahlst du während deines Erwerbslebens Beiträge an die Versicherung. Diese Beiträge werden in sichere festverzinsliche Wertpapiere investiert. Der Gesamtwert am Ende setzt sich zusammen aus den Beiträgen, die eingezahlt werden, aus der Wertsteigerung durch den garantierten Zins und einer Beteiligung an den Unternehmensgewinnen. Letzteres ist nicht garantiert und wird jedes Jahr, je nach Gewinnlage, neu festgelegt. Die klassische Rentenversicherung kannst du dir in Form eines laufenden monatlichen Beitrags oder als Sofortrente auszahlen lassen.

Wichtig: Wegen der niedrigen Zinsen ist diese Möglichkeit nicht gerade die lukrativste.

Riester-Rente

Grund für die private Vorsorge ist vor allem der demografische Wandel. Die Geburtenrate geht zurück, die Bevölkerung wird immer älter, und so steigt die Anzahl der Menschen, die Rente beziehen. Die Anzahl der jungen Menschen, die in die gesetzliche Rentenversicherung einzahlen, sinkt gleichzeitig. Was folgt, sind auch sinkende Renten, die nicht ausreichen.

Damit also mehr Menschen privat vorsorgen und sich das auch finanziell lohnt, wurde mit der Riester-Rente ein Angebot geschaffen, bei dem der Staat deine private Sparrate mit verschiedenen Zulagen unterstützt. Das Gute ist, jede, die sich in einem festen Arbeitsverhältnis befindet, kann riestern – ganz unabhängig vom eigenen Einkommen.

Vor allem junge Berufseinsteigerinnen und auch Familien mit Kindern haben einen besonderen Nutzen, sie erhalten weitere Zulagen, wie beispielsweise einen Berufseinsteigerinnenbonus oder die jeweiligen Kinderzuschläge pro Kind.

Die Riester-Rente kann außerdem von der Steuer abgesetzt werden, nämlich bis zu 2.100 Euro jährlich als Sonderausgabe. Das Finanzamt prüft außerdem, ob es bei diesen Zulagen bleibt oder ob eventuell eine zusätzliche Steuerersparnis möglich ist (das nennt man auch Günstigerprüfung).

Wichtig: Die Versicherung hat oft hohe Abschlusskosten. Deshalb vergleicht unbedingt verschiedene Anbieter.

Rürup-Rente

Die Rürup-Rente wurde als sogenannte Basisrente entwickelt. Sie ist, wie auch die Riester-Rente, steuerlich begünstigt und besonders für Selbstständige interessant, weil sie unabhängig von einem festen Einkommen abgeschlossen werden kann. Sie eignet sich auch für Menschen, die in ihrer Ansparphase ein höheres Einkommen haben.

<u>Wichtig:</u> Im Gegensatz zu anderen Rentenformen wird das angesparte Geld nur monatlich ausgezahlt und kann nicht komplett zum Fälligkeitsdatum ausgezahlt werden.

Private Rentenversicherung
Neben Riester und Rürup gibt es noch weitere Möglichkeiten, privat fürs Alter vorzusorgen. Hier haben wir unterschiedlichste Möglichkeiten, von festverzinslichen bis hin zu fondsgebundenen Anlagen.

<u>Wichtig:</u> Interessiert ihr euch für eine zusätzliche private Altersvorsorge, dann solltet ihr euch unbedingt mit einer (unabhängigen) Beraterin über eure Möglichkeiten austauschen. Denn ihr könnt nicht nur für die Rente vorsorgen, sondern auch effektiv Steuern sparen.

- <u>**Klassische Rentenversicherung mit Überschüssen in Fonds**</u>
  Sie funktioniert ähnlich wie die klassische Rentenversicherung. Als Kundin erhält man eine Garantieverzinsung. Die erwirtschafteten Unternehmensgewinne fließen allerdings in Investmentfonds und sollen dadurch die Rendite im Vergleich zur klassischen Rentenversicherung erhöhen.

- <u>**Indexpolicen**</u>
  Sie garantieren in der Regel mindestens das eingezahlte Kapital zum Ende der Vertragslaufzeit. Als Kundin kannst du jährlich zwischen zwei Varianten wählen, nämlich einer fest-

gelegten Gewinnbeteiligung (sogenannte sichere Verzinsung) oder einer Partizipation an einem Index (z. B. DAX). Nimmst du den Index, dann wirst du bis zu einer definierten Renditeobergrenze daran beteiligt. Einmal erreichte Gewinne aus einem Jahr werden zum Stichtag gesichert und gehen dir nicht mehr verloren.
Das Besondere an den Indexpolicen: Fällt die Indexbeteiligung in einem Jahr einmal negativ aus, hat das keinen Einfluss sowohl auf dein Erspartes als auch auf die bereits erzielten Gewinne der Vergangenheit.

- Dynamische Hybridmodelle
  Hier werden die Beiträge je nach Börsenlage in sichere Anlagen (nennt sich Deckungsstock) und Investmentfonds investiert. Die Aufteilung nimmt die Versicherung vor, und sie garantiert zum Ende der Laufzeit auf Wunsch mindestens die eingezahlten Beiträge. So hast du die Möglichkeit, vom Aktienmarkt zu profitieren, gleichzeitig aber nicht dein eingezahltes Kapital zu riskieren.

- Fondsgebundene Rentenversicherung
  Bei der fondsgebundenen Rentenversicherung (auch Fondspolice genannt) investierst du direkt in die zur Verfügung gestellten Investmentfonds, die du frei wählen kannst. Aber: Es gibt keine Garantie, dass zum Ende der Laufzeit mindestens die eingezahlten Beiträge gesichert sind. Dafür hast du wesentlich höhere Renditechancen. Was ist jetzt aber der Unterschied zu einem Fondssparplan? Bei der fondsgebundenen Rentenversicherung hast du bereits beim Abschluss des Vertrags das Recht auf eine lebenslange Rente und bist in der Auszahlungsphase gegenüber einem Fondssparplan steuerlich im Vorteil.

Betriebliche Altersvorsorge

Etwas, das ich in meinen jungen Angestelltenjahren gern gewusst hätte, ist, dass es eine betriebliche Altersvorsorge gibt. Hat mir aber nicht eine einzige Arbeitgeberin erzählt. Unter betrieblicher Altersvorsorge (bAV) versteht man den Aufbau einer Zusatzrente über die Arbeitgeberin. Bei der klassischen arbeitgeberinnenfinanzierten Vorsorge übernimmt die Chefin die Beiträge zur späteren Rente allein. Die bAV ist ein super Modell, um seine spätere Rente aufzustocken. Als Arbeitnehmerin kannst du einen Teil deines Bruttogehalts für eine Betriebsrente verwenden, das nennt sich Entgeltumwandlung. Für Beträge bis zu 276 Euro im Monat fallen keine Sozialabgaben an, für Beträge bis zu 552 Euro keine Steuern.

Deine Chefin muss deinen Beitrag bezuschussen. Informiere dich bei ihr oder in der Personalabteilung, welche Art der bAV es in eurer Firma gibt. Bietet man dir nichts an, dann weise das Unternehmen auf dein Recht zur Entgeltumwandlung an. Seit 2019 müssen Arbeitgeberinnen 15 Prozent zuschießen. Frage ruhig, ob da mehr drin ist.

Welches für dich das richtige Modell ist, kommt wie immer auf deine persönlichen Lebensumstände an. Gut ist es, sich von einer unabhängigen Beraterin Möglichkeiten aufzeigen zu lassen. Warum unabhängig? Unabhängige Beraterinnen sind nicht von vornherein an einen Anbieter gebunden und können so eine freiere Beratung anbieten – sie sind aber oft ziemlich teuer, das muss man sich auch erst mal leisten können. Meine Beraterin Anja ist nicht ganz so frei, da sie an die Deutsche Vermögensberatung angebunden ist, aber immerhin habe ich da eine große Bandbreite an Anbietern, und ich vertraue ihrem Rat schon lange. Ich bezahle sie auch nicht direkt, sondern sie bekommt bei Vertragsabschluss eine Provision. Für welche Form ihr euch entscheidet, ist wirklich immer eine Vertrauenssache, und auf persönlicher Ebene muss es unbedingt passen.

Wichtig: Betriebsrenten müssen später versteuert werden. Wenn du planst, in Zukunft häufiger die Firma zu wechseln, überleg dir, ob du mittels bAV überhaupt vorsorgen willst, denn Verträge lassen sich oft nicht zur neuen Arbeitgeberin mitnehmen. Alternativen hierzu sind Riester oder ETF-/Fondssparpläne.

Gesundheit

Jede Bundesbürgerin muss entweder gesetzlich oder privat krankenversichert sein. Das ist vom Staat vorgeschrieben. Für die meisten Menschen ist die gesetzliche Krankenkasse sinnvoller. Bei der privaten Krankenversicherung steigen die Beiträge im Alter häufig stark. Deshalb solltest du dich nur privat versichern, wenn du sicher bist, die Beiträge langfristig zahlen zu können. Wer keine Krankenversicherung hat, wird nur im Notfall behandelt.

In Deutschland herrscht eine Versicherungspflicht. Man benötigt also immer eine Krankenversicherung. Ich gehöre, glaube ich, zu den wenigen Menschen, die diesen Versicherungsbeitrag liebend gern bezahlen. In meinem Fall hat sich die Krankenversicherung so was von ausgezahlt, wenn ich sämtliche Therapien, Krankenhausaufenthalte und teuren Untersuchungen mit einberechne. Ich bin sehr dankbar, dass ich in einem Land lebe, das im Gesundheitswesen so gut aufgestellt ist. Würde ich beispielsweise in den USA leben, wäre ich wahrscheinlich längst finanziell ruiniert.

Gesetzliche Kranken- und Pflegeversicherung

Für alle Festangestellten ist das erst einmal die Norm. Bist du unter 55 Jahre alt, kannst du dir jedoch selbst aussuchen, ob du gesetzlich oder privat versichert sein möchtest (bist du einmal in der Privaten, kommst du ab 55 Jahren nur unter sehr erschwerten Bedingungen wieder zurück in die Gesetzliche).

Für Freelancerinnen besteht ebenfalls die Möglichkeit, sich freiwillig gesetzlich versichern zu lassen und auch weiterhin in die Pflegeversicherung einzahlen. Das ist mein Modell, wobei ich in der Künstlersozialkasse bin, die meine Beiträge koordiniert und staatlich bezuschusst (ein Sonderfall für Kreativschaffende).

Wichtig: Auch wenn sich gesetzliche Versicherungen ähneln, gibt es doch Unterschiede, und der Leistungsvergleich kann sich lohnen.

Private Kranken- und Pflegeversicherung

Laut Statistischem Bundesamt[18] waren im Jahr 2019 rund 89,3 Prozent der Deutschen gesetzlich und 10,7 Prozent privat versichert. Die Private Krankenversicherung ist für Besserverdienende. Ein Großteil unserer Bevölkerung hat gar nicht erst die Wahl: Bist du Angestellte, musst du mindestens 62.550 Euro brutto im Jahr verdienen, um überhaupt privat versichert sein zu dürfen.

Wichtig: Die Beiträge, aber auch die Leistungen unterscheiden sich bei den einzelnen Versicherungsanbietern sehr. Wählt unbedingt einen Versicherer aus, der zu eurer Lebensrealität passt. Beiträge können rapide ansteigen, je älter ihr werdet, beachtet das unbedingt.

Auslandsreisekrankenversicherung

Krank im Urlaub? Gar keinen Bock. Kommt aber leider vor und kann im schlimmsten Fall zusätzlich zur Krankheit auch zu finanzieller Not führen. Ich habe meine Auslandskrankenversicherung schon zweimal in Anspruch genommen. Einmal, als ich mit einer Lebensmittelvergiftung auf einem Bauernmarkt in Split (Kroatien) zusammengebrochen bin, und das andere Mal, als ich (ebenfalls wegen Magenproblemen) in Australien ins Krankenhaus musste. Das war abenteuerlich, denn ich befand mich damals auf Kangaroo Island, wo gerade einmal 4.700 Menschen leben. Glücklicherweise war ich da gerade nicht im australischen Busch unterwegs, sondern im größten Ort der Insel, Kingscote. Und hier besuchte ich die kleinste Klinik, die ich je gesehen habe. Der Arzt kam ungelogen in Badeshorts, war megarelaxed, und alles lief reibungslos, ich durfte auch direkt wieder los. Auf jeden Fall ein Erlebnis, das ich nie vergessen werde. Und ich war ziemlich happy, dass ich mir hier versicherungstechnisch keine Sorgen machen musste.

Es ist also ratsam, eine Auslandskrankenversicherung abzuschließen, um im Ernstfall geschützt zu sein.

Wichtig: Innerhalb Europas könnt ihr eure Europäische Krankenversicherungskarte für einen Zeitraum von maximal drei Monaten in vielen Fällen nutzen. Informiert euch vor eurer Reise immer über den bestehenden Schutz.

Pflegezusatzversicherung

Pflege ist teuer, und die gesetzlichen Pflegekassen übernehmen oft nur einen Teil der Kosten. Um sicherzustellen, dass es dir im Fall einer möglichen Pflegestufe an nichts mangelt, kannst du mit einer Pflegezusatzversicherung vorsorgen.

Wichtig: Hier gibt es große Unterschiede in Beitrag und Leistung. Um euch rundum abzusichern, solltet ihr unbedingt weitere Vermögenswerte (z. B. eine Immobilie) in diese Entscheidung einbeziehen.

Stationäre Zusatzversicherung

Ins Krankenhaus will niemand gern, manchmal muss es jedoch sein. Um es sich so komfortabel wie möglich zu machen, könnt ihr eine stationäre Zusatzversicherung abschließen – Einzelzimmer (sofern verfügbar), Chefarztbehandlung und freie Krankenhauswahl inbegriffen.

> Wichtig: In eurer privaten Krankenkasse kann dieser Punkt bereits enthalten sein. Prüft also unbedingt, welche Leistungen ihr sowieso schon beziehen könnt, und stockt nur auf, wenn es euch wirklich sinnvoll erscheint.

Zahnzusatzversicherung

Zahnersatz kann schnell sehr teuer sein. Bei mir muss demnächst nach zehn Jahren eine Krone abgenommen werden, um nochmals die darunter liegende Wurzel zu behandeln. Schönen Dank auch, ich dachte, das blöde Ding sei tot. Nun werde ich nicht nur erneut traumatisiert (wer schon einmal eine Wurzelbehandlung über sich ergehen lassen musste, wird es nachempfinden können), nein, ich muss auch mindestens 200 Euronen draufblechen. Denn ich habe keine Zahnzusatzversicherung.

Krankenversicherungen zahlen oft nur das Nötigste. Aber wer will schon freiwillig auf schöne Zähne verzichten?! Ich nicht. Aber meine Zähne sind im Großen und Ganzen super. Wenn du jedoch öfter Probleme hast, dann macht die Zahnzusatzversicherung eventuell Sinn. Bei vielen ist die Zahnreinigung inbegriffen.

<u>Wichtig:</u> Bei einigen Versicherungen muss man erst einmal sechs Monate Mitglied sein, und der zu behandelnde Zahn darf vorher nie auffällig gewesen sein. Bei anderen Versicherungen kann man sogar noch im direkten Bedarfsfall abschließen. Die Beiträge steigen bei den meisten mit zunehmendem Alter. Und wieder einmal gilt: Drum prüfe, wer die Zähne bindet ... oder so ähnlich.

Haus und Wohnen

Mein Zuhause ist mein Safe-Place. Ich liebe meine Wohnung (und die Lebewesen darin). Für mich wäre es der persönliche Supergau, wenn dieser absolute Wohlfühlort bedroht wird durch Schäden, Diebstahl oder Ähnliches. Deshalb gilt auch hier: Better safe than sorry!

Wohngebäudeversicherung inkl. Elementarschaden

Ihr kauft ein Haus oder eine Wohnung? Dann bitte unbedingt entsprechend versichern. Denn sollte eurem Eigentum etwas passieren, kann es schnell unfassbar teuer und im Extremfall existenzbedrohend werden.

<u>Wichtig:</u> Wohnt ihr in einem Gebiet, in dem es theoretisch zu Hochwasser kommen kann, auch wenn der Fall eher unwahrscheinlich ist? Im Zweifel lohnt es sich trotzdem, diesen Punkt in die Versicherung aufnehmen zu lassen. Hier gilt wirklich: lieber auf Nummer sicher gehen.

Haus- und Grundbesitzhaftpflichtversicherung

Dir gehört ein Haus, du wohnst aber selbst nicht darin? Du besitzt ein Grundstück, hast aber noch nicht angefangen zu bauen? Dann ist eine

Haus- und Grundbesitzhaftpflicht elementar für dich. Denn sollte zum Beispiel der Wind einen deiner Dachziegel auf das Auto des Nachbarn fallen lassen, dann bist du als Eigentümerin schuld. Nicht deine Mieterinnen.

Genauso bist du versichert, wenn Leute auf deinem Grundstück zu Schaden kommen, weil beispielsweise die Bauleiterin bei einer Begehung über einen hervorstehenden Stein fällt. Ist alles schon vorgekommen und im Zweifel sehr teuer. Also gehen wir auch hier lieber auf Numero sicher.

Wichtig: Checkt die maximale Schadenshöhe, die im Schadensfall ausgezahlt wird. Je absurder sie euch erscheint, desto besser. Solche Unfälle können oft unfassbar teuer werden.

Gewässerschadenhaftpflicht (Öltank)

Hat euer Haus einen Öltank? Dann ist für euch eine Gewässerschadenhaftpflicht wichtig. Wasserverunreinigungen sind sehr teuer zu beseitigen. Nur 1 Liter Öl kann bis zu 1 Million Liter Wasser verunreinigen.

Wichtig: Durch neue gesetzliche Richtlinien ist der Abschluss einer Gewässerschadenhaftpflicht dringend zu empfehlen. Denn nicht nur das Wasser muss in den ursprünglichen Zustand zurückgebracht werden, auch das komplette Erdreich inklusive der möglichen Umsiedlung von Tieren gehört hier dazu.

Bauherrenhaftpflichtversicherung

Versichert sein, während ihr in der Bauphase seid? Ja bitte! Hier ist übrigens auch gleich eine Haus- und Grundbesitzhaftpflicht mit inbegriffen.

Wichtig: Versicherungssumme checken und was in eurem Vertrag inbegriffen ist. (Und euren Versicherer darauf hinweisen, dass ihr bitte eine Baudamenhaftpflicht wünscht ...)

Hausratversicherung

Bei dir wird eingebrochen oder in deiner Wohnung kommt es zu einem Schaden, der dein Eigentum betrifft? Dann sind deine Wertgegenstände mit der Hausratversicherung abgesichert. Das war zusammen mit der Rechtsschutzversicherung eine der wichtigsten Versicherungen, die mein eigener Versicherungs-TÜV vor einigen Jahren ergeben hat. Als Studentin hatte ich keinen Besitz, der unersetzlich wäre. Aber heute sieht das anders aus: Ich sammle Kunst, in meiner Wohnung stehen Designermöbel, und von den Chanel-Handtaschen will ich gar nicht erst anfangen.

Der Clou bei mir: Meine Vermögensberaterin Anja sammelt alles für mich. Ich schicke ihr Quittungen und Fotos per Whatsapp oder E-Mail, sie legt es in ihrem Archiv ab, und falls mal etwas passiert (bitte nicht!!!), bin ich in meiner Versicherung unbegrenzt abgesichert.

Übrigens ist bei mir auch der Einbruch ins Auto versichert, bei Wertgegenständen, die nicht sichtbar rumliegen. Ich habe Anja gefragt, ob ich dann einen Goldbarren (den ich nicht habe) unter dem Sitz meines Autos (das ich auch nicht habe) herumkutschieren kann und der dann bei Diebstahl abgesichert ist. Sie hat gelacht und mir dringend davon abgeraten, denn zwischen normalen Hausratgegenständen wie beispielsweise die vergessene Jacke oder der Rucksack im Kofferraum und Wertsachen wie einem Goldbarren gibt es auch noch mal einen großen Unterschied. Der Goldbarren muss extra versichert werden, zumal ich den auch niemals zu Hause rumliegen lassen würde (sollte ich jemals einen besitzen).

Wichtig: Die Schadenshöhe der Hausratversicherung sollte mit eurem persönlichen Besitz übereinstimmen. Wenn ihr also wie ich über die Jahre Designermode und -möbel oder Kunst anhäuft, dann sollte das in die Hausratversicherung einfließen.

Rechtsschutzversicherung

Die Rechtsschutzversicherung haben wir bereits behandelt, aber grade wenn es um das Thema Wohnen geht, ist sie oftmals eine echte Rettung. Ein Rechtsstreit ist oft teuer und unvorhersehbar. Die Versicherung trägt im Fall eines verlorenen Prozesses die Rechtskosten. Gewinnt ihr, zahlt eh die Gegenseite.

Deutsche scheinen Streitigkeiten mit den Nachbarinnen oder (Ver-)Mieterinnen als Sport anzusehen, rund 225.000 Mietrechtsprozesse landeten 2018 vor den deutschen Amtsgerichten, mehr als eine Million Beratungen führen die Rechtsexpertinnen der Mietervereine jedes Jahr durch. Am häufigsten wird über Vertragsverletzungen, Mieterhöhungen, Betriebskosten und Kaution gestritten.[19] Nachbarschaftsstreitigkeiten kommen auf rund 300.000 Klagen pro Jahr. Hier geht es um Lärm, Mülltonnen oder Autos, die im Weg stehen, es wird gestritten um Äste und Bäume, und wir Almans stören uns scheinbar so sehr an Grillgerüchen, dass uns das eine Anzeige wert ist.

Bei Rechtsschutzversicherungen auch unbedingt verschiedene Anbieter vergleichen und gegebenenfalls eine Selbstbeteiligung mit einrechnen.

Wichtig: Seid ihr Mieterin, schaut euch mal die Mieterschutzvereine an, die haben mir schon zweimal richtig aus der Patsche geholfen bei meiner alten, richtig ekligen Hausverwaltung in Berlin. Mein Beitragssatz pro Jahr waren hier 108 Euro.

FAZIT: VERSICHERUNGS-TÜV

Hier noch einmal in Kürze die wichtigsten Dinge in puncto Versicherung:

- Eine Versicherung soll dich vor existenziellen Risiken schützen, also vor Krankheiten oder vor finanziellen Schäden.
- Stellt euch den größtmöglichen Schaden vor, den die entsprechende Versicherung abdeckt. Wenn ihr diesen Schaden nicht aus eigener Tasche zahlen könnt, dann ist eine Absicherung sinnvoll.
- Statt sich überzuversichern, lohnt das private Anlegen, beispielsweise mittels Sparplänen.
- Achte auf deine Lebensumstände, und führe immer mal wieder einen Versicherungscheck durch.

DIESE VERSICHERUNGEN BRAUCHST DU NICHT

Ein kluger Mann aus der Versicherungsbranche hat mir im Rahmen meines Finanzpodcasts »Summa Summarum« mal als Faustregel gesagt: Alle Versicherungen, für die viel Werbung gemacht wird, brauchst du eigentlich nicht. Wenn viel Werbung gemacht wird, dann verdient die Versicherung ein Schweinegeld damit, weil die Menschen sie nicht in Anspruch nehmen müssen. Dazu zählt unter anderem die Handyversicherung oder eine Tierversicherung.

Versicherungen bringen Vermittlerinnen grundsätzlich Geld. Wer sich nicht auskennt, ist schnell überversichert. Denn das, was dir erzählt wird, klingt total logisch und nach toller Absicherung, ist aber oftmals nur die halbe Wahrheit, weil nur die Vorzüge erwähnt werden. Deshalb lasst uns ein paar Versicherungen unter die Lupe nehmen, die eventuell nicht ganz so viel Sinn machen.

Generell gilt: Schließe Versicherungen auf keinen Fall »so nebenbei« ab. Überlege bei jedem Vertrag in Ruhe, ob du ihn wirklich brauchst oder ob es andere Möglichkeiten der Vorsorge gibt. Welche Kosten kämen im Versicherungsfall auf dich zu? Wenn du diese Kosten von deinen Ersparnissen zahlen kannst, dann brauchst du diese Versicherung nicht.

Ein Beispiel: Dein Handy geht kaputt. Das ist zwar ärgerlich, bringt dich aber nicht in finanzielle Nöte (es sei denn, du bist noch in der Ausbildung oder im Studium). Kannst du dir ein neues Handy leisten, dann lass die Finger von dieser Versicherung. Ganz anders liegt der Fall bei einer Wohngebäudeversicherung: Brennt nämlich dein Haus ab, ist ganz schnell Schicht im Schacht. Ein Hausbrand kann im schlimmsten Fall den finanziellen Ruin bedeuten.

Welchen Versicherungen sollten wir also vorsichtig begegnen? Schauen wir uns einige an.

Kapital- oder fondsgebundene Lebensversicherung

Heute lohnt sich der Neuabschluss einer solchen Versicherung nicht mehr, denn die Zinsen sind zu niedrig und die Kosten zu hoch. Für die Altersvorsorge gibt es bessere Alternativen, auch jenseits von Versicherungen, beispielsweise Fondssparpläne, die optimalerweise mit einer (privaten) Rente kombiniert werden.

Rentenversicherung

Der Neuabschluss einer klassischen oder fondsgebundenen Rentenversicherung rechnet sich wegen hoher Kosten und niedriger Zinsen ebenfalls nicht wirklich. Was sich lohnen kann, ist eine provisionsfreie Nettopolice, die mit günstigen Aktien-Indexfonds (ETFs) anspart.

Ausbildungsversicherung

Bei dieser Versicherungsform legen oft Großeltern oder Eltern Geld für ein Kind an. Zu einem bestimmten Zeitpunkt wie beispielsweise Volljährigkeit oder Studienbeginn wird dem Kind das Geld ausgezahlt. Diese Versicherungen sind meist teuer und unflexibel. Das Geld für die Kids legen wir besser anders an.

Ambulante Zusatzversicherung

Eine ambulante Zusatzversicherung macht nur Sinn, wenn du häufig alternative Heilmethoden nutzen willst. Allerdings ist die jährliche Erstattung meist begrenzt, und viele Krankenkassen bieten mittlerweile umfangreiche Zusatzleistungen für Homöopathie, alternative Arzneimittel und Osteopathie an.

Restschuldversicherung/Kreditausfallversicherung

Besonders bei kleineren Ratenkrediten lohnt sich eine Restschuldversicherung nicht. Sie ist zu teuer und springt in vielen Fällen gar nicht ein, wenn du die Raten nicht mehr zahlen kannst.

Sterbegeldversicherung
Sterbe ich als Kundin einer Sterbegeldversicherung, bekommen meine Angehörigen im Todesfall Geld für die Beerdigung. Fakt ist aber, dass meine Hinterbliebenen meist weniger Geld herausbekommen, als ich eingezahlt habe. Dummerweise kann ich mich nach meinem Tod nicht mehr über diese Frechheit beschweren. Also bin ich schlau und schließe diese Versicherung gar nicht erst ab. Besser ist es, ich spare die Kosten für meine Beerdigung anderweitig an. In meinem Fall brauche ich nicht nur Geld für das Einäschern und meinen Gedenkstein, auf dem steht: »Vreni Frost, vorübergehend verstorben«, nein, ich will aus meiner Asche auch einen Diamantring anfertigen lassen. Ja, das geht, ist aber eine andere Geschichte für ein anderes Buch.

Handyversicherung
Fallt nicht auf die ganzen Technikversicherungen rein. Sie sind teuer und schließen viele Schäden aus. Bezahlt die Reparaturen für Handy, Laptop, Kamera und Co. also lieber selbst. Alle wollen euch zum Neugerät irgendeine Geräteversicherung andrehen, die die Garantie verlängert oder erweitert. Was sie euch dabei nicht sagen: Den Neupreis bekommt man nicht erstattet, sondern nur den rapide sinkenden Zeitwert.

Tierkrankenversicherung
Das hier ist so eine Versicherung, von der ich regelmäßig Werbung sehe und deshalb meine Fingerchen ganz weit weglasse. Meine Instagram-Followerinnen lieben meine drei Racker Willi, Flip und Suri (aka die Katzengang). Regelmäßig fragen sie mich um Rat, was ihre eigenen Katzen betrifft. Auch das Thema Tierversicherung wird oft angesprochen.

Hierzu eine kurze Rechnung (die ihr übrigens bei allen Versicherungen machen solltet): Ich suche mir eine Versicherung aus dem Internet aus, sie kostet pro Tier im Monat 20,90 Euro (nicht inbegriffen sind hier Kastration und Sterilisation). Im Kostenfall übernimmt die Versicherung 80 Prozent, maximal aber 4.000 Euro pro Jahr. Als Gesundheitsvorsorgepauschale für Impfungen oder Wurm- und Flohkuren werden 30 Euro übernommen.

Bei 20,90 Euro Beitrag zahle ich jährlich 250,80 Euro für *ein* Tier. So viel habe ich in sieben Jahren Willi, sechs Jahren Flip und einem Jahr Suri nicht ansatzweise für alle drei zusammen bezahlt. Letztes Jahr hatte Willi eine Mandelentzündung und Suri ein bisschen Fieber. Für beide Behandlungen inklusive Nachsorge-Untersuchungen und Medikamente habe ich keine 100 Euro bezahlt.

Ihr seht, eine solche Versicherung ist Quatsch. Meine drei Fellnasen sind up-to-date und haben einen ETF-Sparplan. 50 Euro pro Monat zahle ich in den nachhaltigen MSCI World SRI ein und spare so unter anderem für Eventualitäten wie die Tierärztin.

Glasbruchversicherung

Viele Glasschäden sind bereits mit eurer Privathaftpflicht-, der Wohngebäude- oder der Hausratversicherung abgedeckt, bei mir ist das beispielsweise so. Hausbesitzerinnen mit einem Wintergarten sollten ruhig über eine Glasbruchversicherung nachdenken. Für alle anderen gilt: Geht mal eine Fensterscheibe zu Bruch, bedeutet das noch nicht den finanziellen Ruin (so zum Beispiel, als meine Geschwister und icke als Kinder mit den Stelzen durch die Glastür gerauscht sind – sorry, Mama und Papa!). Schäden durch Brand, Leitungswasser, Sturm oder Hagel sind ohnehin über die Hausrat- und/oder die Wohngebäudeversicherung abgedeckt.

Brillenversicherung

Noch so eine Versicherung, die du dir im wahrsten Sinne des Wortes sparen kannst. Eine Brillenversicherung wird meist im Paket mit anderen Versicherungen verkauft, die alle nicht besonders leistungsstark sind. Die Erstattungshöhen sind hier gedeckelt, oft gibt es zwischen

100 bis 400 Euro alle ein bis drei Jahre. Meist musst du als Versicherte einen Selbstbehalt tragen, und bei einer Neubrille übernimmt die Versicherung teils nur Produkte aus dem Nulltarifsegement. Nope. Danke Next.

Krankenhaustagegeldversicherung

Hast du eine Krankenhaustagegeldversicherung, dann erhältst du für jeden Tag, den du im Krankenhaus verbringst, Geld von deiner Versicherung. Das Geld kann helfen, mögliche Verdienstausfälle auszugleichen, deiner Familie einen Besuch zu ermöglichen oder aber auch Zusatzleistungen wie ein Einzelzimmer bezahlen zu können. Manche Versicherer zahlen bei Teilaufnahme, andere nur bei vollständiger stationärer Aufnahme. Nehmt eure Lebensrealität als Basis für eure Entscheidung, und prüft, ob diese Versicherung für euch sinnvoll ist.

Eine Krankenhaustagegeldversicherung zahlt einen Festbetrag für die kleinen Zusatzkosten, die bei einem Krankenhausaufenthalt anfallen: Fernseher und Obst im Zimmer, Parkgebühren für die Angehörigen. Für einen Kuraufenthalt gibt es nichts. Selten holt man das wieder rein, was man eingezahlt hat.

Sinnvoller ist eventuell eine Krankentagegeldversicherung, denn die leistet auch, wenn du krank zu Hause bist.

Reisegepäckversicherung

Meist deckt eure Hausratversicherung den Verlust von Gepäck im Urlaub ab. Eine Reisegepäckversicherung ist daher unnötig. Du musst übrigens auch schon auf den Koffern sitzen, damit die Reisegepäckversicherung wirklich zahlt, falls das Gepäck im Urlaub geklaut wird. Wenn du deine Taschen nicht unablässig fest im Griff hast, dann unterstellt dir die Versicherung fahrlässiges Verhalten. Und was passiert? Es wird nichts übernommen. Es wird wirklich fast nie gezahlt. Spar es dir also!

Kinderunfallversicherung

Die Kinderunfallversicherung soll Kinder finanziell schützen, falls sie durch die Folgen eines Unfalls für den Rest ihres Lebens auf Hilfe angewiesen sind. Natürlich wollen wir unsere Kleinsten bestmöglich schützen. Deshalb aber bitte nicht vorschnell Versicherungen abschließen. Eine Kinderunfallversicherung zahlt beispielsweise nur im Fall eines schweren Unfalls, Kinder sind hier nur unzureichend abgesichert. Besser ist eine Kinderinvaliditätsversicherung. Wenn ein Kind durch Krankheit oder einen schweren Unfall dauerhafte Gesundheitsschäden erleidet, kann diese Versicherung die Zukunft finanziell absichern, bei guten Policen mit einer lebenslangen monatlichen Rente. Wenn euer Kind die Ausbildung abgeschlossen hat und ins Berufsleben eintritt, sollte an die Stelle der Kinderinvaliditäts- die Berufsunfähigkeitsversicherung treten.

DIE ABSURDESTEN VERSICHERUNGEN EVER!

Achtung, nach dem ganzen trockenen Versicherungskram, gibt's jetzt eine kleine Auflockerung. Ich habe einige total absurde Versicherungen gefunden. Hier meine Top 10:

1. FAHRSTUHL-FIASKO

Tatsächlich gibt es eine Versicherung gegen das Steckenbleiben im Aufzug! Bleibst du stecken, gibt's pauschal 75 Euro. Statistisch gesehen bleibst du in Deutschland alle 102 Jahre im Aufzug stecken ... Joa, jetzt dürft ihr selbst rechnen, wie sehr sich der Abschluss hier lohnt.

2. NO SIGNAL

Wer schon mal im tiefsten Brandenburg unterwegs war, kennt das Problem: Wir sind im Funkloch! Wem die rund 96 Prozent Netzabdeckung in Deutschland nicht reichen, der kann sich gegen Funklöcher versichern. Wichtig ist, dass dieser Zustand mindestens 48 Stunden am Stück anhält, sonst jibbet keene Moneten.

3. STÖSSCHEN!

Nicht auszudenken, wenn das Feierabendbierchen oder das Weißwein-Viertele nach getaner Arbeit wegfällt. Am besten versichern wir uns also gegen eine potenzielle Prohibition durch Mutter Staat. Prost!

4. ALIEN-INVASION

Im wirklich realistischen und sehr wahrscheinlichen Fall, dass du von Außerirdischen entführt wirst, zahlt eine Versicherung dir eine Entschädigung von 5.000 Euro. Beam me up, Scotty!

5. WELTUNTERGANG

Die Aliens waren noch nicht genug, nein, der Weltuntergang naht! Ha, zum Glück bin ich dagegen versichert! Freue mich jetzt schon darauf, das ganze Geld auszugeben!

6. NEIN, ICH WILL NICHT!

Kennen wir alle: Wir stehen mal wieder vor dem Traualtar, und unser vermeintlicher Lieblingsmensch, dem wir die Treue schwören möchten, ist weit und breit nicht in Sicht. Zum Glück haben wir eine Versicherung: Für nur 12 Euro Jahresbeitrag gibt's 100 Euro Entschädigung – na, wenn sich das nicht lohnt?!

7. FAINTING VATI

Achtung, das ist *die* Versicherung für alle werdenden Väter. Werden die nämlich im Kreißsaal ohnmächtig, gibt's satte 125 Euro. Ja, Leute, bei den Presswehen hört der Spaß auf! Immerhin einen von 100 Papas ereilt dieses Schicksal. Die anderen schaffen es, noch rechtzeitig rauszugehen oder sich hinzusetzen.

8. EINGELOCHT

Und wieder eine Situation aus dem ganz normalen Leben. Wir sind in unserem Lieblingsgolfclub und haben dank unseres unfassbaren Talents mal wieder mit einem Schlag eingelocht: Hole-in-one, Baby! Zum Glück besitzen wir eine Versicherung, die alle Kosten für die Party und die Klubrunde, die danach geschmissen werden muss, übernimmt.

9. LOTTO LOSER

Du spielst Lotto? Na, dann her mit der Anti-Glück-Police. Solltest du 52 Wochen lang nie mehr als zwei Richtige tippen, dann kannst du dich für eine Gesamt-Entschädigungssumme von knapp 2.500 Euro versichern lassen. Winziger Haken: Du musst wirklich wöchentlich spielen und die Wahrscheinlichkeit für so viel Pech ist noch geringer als diejenige, tatsächlich sechs Richtige zu tippen.

10. UNBEFLECKTE EMPFÄNGNIS

Bis vor einigen Jahren konnten britische Nonnen eine Zusatz-Krankenversicherung für den Fall einer unbefleckten Empfängnis zur Wiedergeburt des Heilands abschließen. Diese unfassbar sinnvolle Versicherung wird so aber leider nicht mehr angeboten, weil der Vatikan sich irgendwann quergestellt hat und alle Policen gekündigt werden mussten. Spießer!

NACHHALTIG
INVESTIEREN

Die
Zukunft
soll man nicht
voraussehen wollen,
sondern
möglich
machen.

ANTOINE DE SAINT-EXUPÉRY

NACHHALTIGKEIT – MEHR ALS EIN BUZZWORD

Der Begriff »Nachhaltigkeit« fliegt uns nun schon seit einigen Jahren ständig um die Ohren. Wir verbinden ihn oft mit Umweltschutz und Langlebigkeit. Vielmehr bedeutet Nachhaltigkeit aber, dass wir die Ressourcen, die auf unserer Erde vorhanden sind, nur so weit nutzen, dass sie keinen Schaden nehmen. Der Zug ist in zahlreichen Bahnhöfen längst abgefahren, schauen wir uns beispielsweise den Regenwald oder den Goldabbau an. Nachhaltigkeit ist kein neues Konzept, bereits Mitte des 20. Jahrhunderts erkannten die Menschen, dass Rohstoffe und Energievorräte endlich sind. In der Forstwirtschaft wurde das Konzept zuerst angewendet: Im Wald sollte nur so viel Holz geschlagen werden, wie dauerhaft nachwächst. Nachhaltigkeit bedeutet also Ressourcenerhaltung trotz Nutzung.

Zahlreiche Unternehmen nutzen das Attribut »nachhaltig«, ohne über verlässliche Siegel oder Zertifikate zu verfügen. »Greenwashing« (➲ siehe auch »Greenwashing«, Seite 143) gehört heute zu einer guten PR-Strategie. Unternehmerischer Erfolg gelingt jedoch auch, wenn man wirklich ökologische und soziale Aspekte verbindet und nicht nur vorgibt, grün und fair zu sein.

Ziele für eine nachhaltige Entwicklung

Die Vereinten Nationen (UN) haben 17 Ziele für nachhaltige Entwicklung festgelegt. Diese politischen Zielsetzungen sollen weltweit eine nachhaltige Zukunft auf ökonomischer, sozialer und ökologischer Ebene sicherstellen. Am 1. Januar 2016 traten sie in Kraft mit einer Laufzeit von 15 Jahren, also bis 2030. Hier kommt einmal die Auflistung dieser 17 Ziele:[20]

1. Keine Armut:
   Armut soll in all ihren Formen und überall beendet werden.
2. Kein Hunger:
   Den Hunger beenden, eine bessere und dauerhaft sichere Ernährung erreichen und nachhaltige Landwirtschaft fördern.
3. Gesundheit und Wohlbefinden:
   Ein gesundes Leben für alle Menschen jeden Alters gewährleisten.
4. Bildung:
   Inklusive, gerechte und hochwertige Bildung sowie Möglichkeiten des lebenslangen Lernens für alle.
5. Gleichberechtigung:
   Frauen und Mädchen sollen selbstbestimmt handeln, Geschlechter gleichgestellt werden.
6. Sauberes Wasser und Hygiene:
   Die Verfügbarkeit von Wasser und dessen nachhaltige Bewirtschaftung sowie Sanitärversorgung soll für alle gewährleistet werden.
7. Nachhaltige und saubere Energie:
   Der Zugang zu bezahlbarer, verlässlicher, nachhaltiger und zeitgemäßer Energie soll für alle gesichert werden.
8. Arbeit und Wirtschaftswachstum:
   Alle sollen menschenwürdige Arbeit finden, die Wirtschaft soll beständig und nachhaltig wachsen.
9. Industrie, Innovation und Infrastruktur:
   Eine widerstandsfähige Infrastruktur aufbauen, Industrialisierung und Innovationen fördern.
10. Reduzierte Ungleichheit:
    Ungleichheit in und zwischen Ländern soll verringert werden.
11. Nachhaltige Städte und Gemeinden:
    Städte und Gemeinden sollen inklusiv, sicher, widerstandsfähig und nachhaltig gestaltet werden.

12. **Nachhaltiger Konsum und nachhaltige Produktion:**
    Güter und Dienstleistungen sollen nachhaltig konsumiert und produziert werden.
13. **Klimaschutz:**
    Sofortmaßnahmen ergreifen, um den Klimawandel und seine Auswirkungen zu bekämpfen.
14. **Leben unter Wasser:**
    Schutz und nachhaltige Nutzung der Ozeane und Meeresressourcen.
15. **Landwirtschaft:**
    Ökosysteme auf dem Land sollen geschützt, wiederhergestellt und ihre nachhaltige Nutzung gefördert werden – Wälder sollen nachhaltig bewirtschaftet, Wüstenbildung bekämpft, Bodendegradation beendet und umgekehrt werden. Der Verlust der biologischen Vielfalt soll gestoppt werden.
16. **Frieden, Gerechtigkeit und starke Institutionen:**
    Friedliche und inklusive Gesellschaften für eine nachhaltige Entwicklung fördern, allen Menschen Zugang zu Rechtsprechung ermöglichen und leistungsfähige, rechenschaftspflichtige und inklusive Institutionen auf allen Ebenen aufbauen.
17. **Partnerschaften:**
    Für die Umsetzung der Ziele sollen globale Partnerschaften gestärkt werden.

Klingt alles ganz wunderbar, hapert an zahlreichen Stellen jedoch an der Umsetzung. Trotzdem ist den meisten von uns sicherlich klar, dass wir etwas tun müssen, um den Kollektiv-Kollaps zu verhindern. Was aber hat nun unsere Geldanlage damit zu tun?

WEISST DU, WAS DEIN GELD MACHT?!

Alle Kriege auf unserer Erde können nur aus einem Grund geführt werden: weil genügend Geld zur Verfügung steht. Und woher kommt das ganze Geld? Von den Banken. Sie füttern Kriege und Zerstörung mit Milliarden. Mittlerweile sind bestimmte Bereiche der Rüstungsindustrie von einer Finanzierung ausgeschlossen, aber sämtliche Grauzonen werden ausgenutzt. Und so finanzieren deutsche Banken mit ihren (und unseren) Geldern tödliche Konflikte und das Waffengeschäft. Unsere Politik ist davon nicht ausgenommen – auch sie lässt Rüstungsexporte zu.

Bleiben wir jedoch bei den Banken. Wie funktioniert eigentlich so eine Bank? Eine Bank nimmt unsere Spareinlagen entgegen. Dieses Geld verleiht die Bank an Menschen und Unternehmen, die Geld brauchen. Banken versuchen, dafür zu sorgen, dass Einlagen und Kredite sich die Waage halten. Unser Geld liegt aber nicht einfach nur in irgendeinem Sparschweinchen, sondern damit wird gearbeitet. Weil wir der Bank unser Geld zum Arbeiten geben, bekommen wir als Belohnung Zinsen. Banken sind wichtig für das Wirtschaftswachstum und tragen damit auch zum Wohlstand in unserer Bevölkerung bei. Der Wohlstand der Weltbevölkerung scheint vielen Banken aber scheißegal zu sein. Und mit vielen meine ich fast 100 Prozent.

Banken schert es nicht, ob Investitionen moralisch verwerflich sind, Hauptsache, das Geschäft lohnt sich. Da wir Kundinnen das alles stillschweigend mitmachen (viele auch, weil sie schlicht nicht wissen, was da hinter den Türen ihrer Bank passiert), hat die Bank auch keinen Grund, irgendwelche Geschäftspraktiken zu ändern. Die Wahrscheinlichkeit, dass deine Bank in miese Geschäfte investiert, ist hoch, richtig hoch. Wie skrupellos sie vorgeht, kannst du herausfinden, indem du dich ein wenig mit dem Geschäftskonzept auseinandersetzt.

In Deutschland unterteilt sich das Bankwesen in private Geschäftsbanken, öffentlich-rechtliche Kreditinstitute und Genossenschaftsbanken. Machen wir also einen kleinen Exkurs in alle drei Bereiche, bevor wir weiter auf zweifelhafte Geschäfte eingehen.

Private Geschäftsbanken

Privatbanken wie die Deutsche Bank oder die Commerzbank führen die Hitliste der unmoralischen Geschäftspraktiken an. Wichtiger als ethische Grundsätze scheinen die Aktionärinnen und möglichst hohe Gewinne (egal mit was) zu sein. Privatbanken setzen oft auf riskante Geschäfte, zahlen übertrieben hohe Managementgehälter und betreiben aggressive Lobbyarbeit.

Zu den privaten Geschäftsbanken gehören die großen deutschen Filialbanken Commerzbank, Deutsche Bank (mit Postbank) und Unicredit. Diese drei betreuen vor allem die Großindustrie und vermögende Privatkunden. Sie sind außerdem im Ausland tätig, wo sie über Zweigstellen arbeiten und auch dort für ihre Großkunden tätig werden. Alle drei Banken firmieren in der Rechtsform der Aktiengesellschaft.

Darüber hinaus gibt es regional tätige deutsche Filialbanken, Direktbanken und Privatbankiers. Privatbankiers sind meist im Investmentbanking aktiv und betreuen vermögende Privatkunden. Auch Auslandsbanken zählen zu den privaten Geschäftsbanken. Hier gibt es zum einen Banken, die in Deutschland ein eigenes Retailgeschäft mit einem Filialnetz aufgebaut haben, und zum anderen Zweigstellen ausländischer Banken, die zur Betreuung originärer Kunden in Deutschland bestehen. Zu guter Letzt gibt es private Realkreditinstitute, private Bausparkassen und die privatisierte Landesbank Hamburg Commercial Bank.

Öffentlich-rechtliche Kreditinstitute

In diesem Bereich haben wir 19 Förderbanken, davon 17 Förderbanken der Länder und zwei Förderbanken auf Bundesebene. Zu den Förderbanken des Bundes gehören die KfW-Bankengruppe und die Landwirtschaftliche Rentenbank. Dann gibt es fünf Landesbanken, die selbst kein Retailgeschäft anbieten, dafür aber teilweise Tochtergesellschaften haben. Meine Schulzeit verbrachte ich größtenteils in Stuttgart und hatte dort beispielsweise ein Konto bei der BW-Bank, einer Tochtergesellschaft der LBBW (Landesbank Baden-Württemberg).

In den Bereich der öffentlich-rechtlichen Kreditinstitute gehören auch die rund 450 Sparkassen und die Landesbausparkassen. All diese Banken haben einen öffentlichen Auftrag und kümmern sich insbesondere um Mittelstand und Existenzgründer. Weil sie keine Gewinne erwirtschaften dürfen, spenden sie häufig für regionale Initiativen und Projekte. Sie fördern Innovationen, Infrastrukturpläne, Wohnungsbau, Energieeffizienzmaßnahmen und Exportprojekte.

Die Geschäftsstrukturen ähneln jedoch denen der privaten Banken, weswegen sie auch in Kohlekraftwerke oder Waffenhersteller investieren.

Genossenschaftssektor

Die DZ Bank übt die Zentralbankfunktionen für Genossenschaftsbanken aus, also beispielsweise Auslandsgeschäfte, die Bereitstellung von Kapitalmarktprodukten oder die Betreuung größerer Firmenkunden.

Hier finden wir auch die rund 800 Volks- und Raiffeisenbanken, die das größte Filialnetz in Deutschland haben. Bis vor Kurzem hatte ich ein Konto bei einer der elf Sparda-Banken, das ich jedoch unter anderem aus Gründen, die wir gleich erfahren werden, gekündigt habe. Eine Vielzahl an anderen Banken wie etwa die Bausparkasse Schwäbisch Hall, Kirchenbanken oder auch die Deutsche Apotheker- und Ärztebank gehören auch zum Genossenschaftssektor.

Theoretisch haben alle Kundinnen ein Stimmrecht, da sie Gesellschafterinnen sind – was Voraussetzung bei einer Genossenschaftsbank ist, um ein Konto zu eröffnen. Bei der Sparda war ich, glaube ich, mit 50 Euro drin. Ich hätte also mit abstimmen können und direkt oder indirekt Einfluss auf die ethischen Standards bei Geschäften nehmen können. Habe ich aber nicht, weil ich mich früher nie mit Bankengeschäften auseinandergesetzt habe. Wie wahrscheinlich fast niemand der Normalsterblichen. Wenn die Mehrheit nichts vom Mitspracherecht weiß, kein Interesse daran hat, vom Stimmrecht Gebrauch zu machen, oder schlicht Gewinne geiler findet als Moral, dann kann die Bank schalten und walten, wie sie will.

PROFIT IST GEILER ALS MORAL

Die privaten Geschäftsbanken, ganz vorn mit dabei die Deutsche Bank, setzen häufig Profit über Nachhaltigkeit.[21] Das ist in vielen Fällen nicht mal illegal, aber dennoch moralisch fragwürdig. Solange es etwas zu holen gibt, scheinen problematische Geschäftsfelder kein Problem für viele Banken darzustellen:

- **Nahrungsmittelspekulation und Landgrabbing**
  Das Geschäft mit dem Hunger machen Rohstoff- und Agrarfonds. Durch Nahrungsmittelspekulation werden Lebensmittel in armen Regionen verteuert, Landgrabbing raubt der Bevölkerung das Land für eigenen Lebensmittelanbau. Viele Einheimische verlieren ihre Lebensgrundlage an Unternehmen und leiden unter Nahrungs- und Wasserknappheit.

- **Klima- und umweltschädliche Investitionen:**
  Mit ein bisschen cleverem Greenwashing fällt es bestimmt nicht auf, dass Banken Atomkraftwerke, Staudämme, Kohleabbau und sonstige fragwürdige Branchen finanzieren. Was kümmern uns auch Umwelt, Klima oder Tier- und Menschenleben – haben langfristig doch eh keine Chance ... So betreute die Deutsche Bank beispielsweise lieber den Börsengang von COAL INDIA, dem weltgrößten Kohleproduzenten, als den Lebensraum der letzten frei lebenden Tiger zu schützen – aber hey, Prioritäten setzen, schließlich ist neben dem Nationalpark

noch ein gutes Abbaugebiet – Ka-ching! Ach, und noch ein Börsengang musste betreut werden, nämlich der von FELDA, einem malaiischen Palmöl-Handelsunternehmen. Die paar Bäumchen machen den Regenwald jetzt auch nicht fett …

- Atomkraft:
  Ach, so ein kleiner Super-GAU soll uns nicht schaden. Als gute Deutsche Bank bleiben wir natürlich den Investitionen und der Finanzierung von Atomkraftwerken treu. Wie, es ist bekannt, dass der Betreiberkonzern von Fukushima Sicherheitsberichte gefälscht und Reparaturen weggelassen hat? Papperlapapp, wir geben natürlich trotzdem weiter Anleihen heraus – Hauptsache, die Kohle, Verzeihung, die Kernkraft stimmt.

- Gesundheitsschädliche Rohstoffe:
  Was kümmert die Bank, wenn sich ein Arbeiter abreibt?! Gesundheit und Lebensraum der Bevölkerung kommen bitte erst nach dem Profit. Verstöße gegen den Umweltschutz und Verbrechen gegen Menschen- und Arbeitsrechte sind so weit weg – Afrika und Co. haben einfach viel zu gute Rohstoffe, die gefördert werden müssen.

- Atomwaffen und Streubomben:
  Mein Freund, der Rüstungskonzern. Hier gibt's so vielfältige Möglichkeiten, quasi für jede:n etwas dabei. Ob Anleihen, Kredite oder Aktien – wie wäre es mit einer kleinen Streubombe, ein paar Atomwaffen oder Eurofightern? Ein bombiges Milliardengeschäft. Spannend: Die Deutsche Bank führte unlängst eine neue Richtlinie zu sogenannten umstrittenen Waffen ein (Atomwaffen), die künftig vermieden werden sollen. Die Begründung ist interessant: Man wolle sich »vor Reputationsrisiken schützen« – what the fuck?!

Das sind alles legale, erlaubte Geschäfte – man mag es kaum glauben, aber fast alle von uns sind indirekt an diesen Geschäften beteiligt. Gerade die Deutsche Bank ist aber auch regelmäßig im Gespräch, wenn es um Steuerhinterziehung, Umsatzsteuerbetrug, Cum-Ex-Geschäfte, Marktmanipulationen, Geldwäsche und mehr geht. Euch raucht der Kopf? Dann kommt jetzt die Lösung …

Greenwashing

Wenn wir von Greenwashing sprechen, dann meinen wir, dass ein Produkt als nachhaltig und ökologisch angepriesen wird, obwohl das Unternehmen nicht wirklich so handelt. So wollen Firmen ihr ökologisches Image verbessern. Leider geben sie mehr Geld dafür aus, um uns eine positive Entwicklung vorzugaukeln (Werbung, PR & Marketing), als dieses Geld für Material oder Produktion zu verwenden.

Greenwashing ist beispielsweise, wenn mit Nachhaltigkeit geworben wird, das Kerngeschäft an sich aber der Umwelt schadet. So ist uns allen, glaube ich, klar, dass Kreuzfahrten oder Kohleabbau nicht »grün gewaschen« werden können – beide sind und bleiben Klimakiller. Außerdem versuchen uns manche Mode- und Beautymarken durch eine nachhaltige Linie vorzugaukeln, dass sie sich für den Klimaschutz einsetzen.

Auch wenn mehr Geld in Werbezwecke fließt, als für den Umweltschutz ausgegeben wird, ist das Greenwashing. Bekanntes Beispiel ist Krombacher, die nach ihrer ersten Regenwald-Kampagne im Jahr 2002 eine Umsatzsteigerung von mehr als acht Prozent erzielten. Tja, nur wurde das Geld leider nicht wirklich für den bedrohten Regenwald verwendet. Krombacher hat zu diesem Zeitpunkt gar keine Bäume gepflanzt. Sie spendeten an einen Nationalpark in Zentralafrika, es gab Geländefahrzeuge, ein Boot, Funkgeräte und Computer mit Scanner und Drucker für die Ranger. Zwar wichtig für die Arbeit, aber eben nicht die versprochenen Bäume – und auch nicht so werbewirksam. Doof ist es zudem, wenn man neben dem Regenwald die Formel 1 sponsert (2007) – da ist das ganze geschützte CO_2 nämlich wieder futsch. Laut der englischen Zeitung *The Guardian* hat der Rennsport allein in der Saison 2007 weltweit mehr als 600.000 Tonnen CO_2 verursacht. Das findet der Regenwald ziemlich uncool.

Beim Greenwashing werden Umwelt- und Naturschutz auch gern mal ganz umgangen, indem man einfach als sauerfolgreiches und wirtschaftlich wichtiges Unternehmen direkt Einfluss auf die Politik nimmt. Man erinnere sich an Ministerin Klöckner und Nestlé.

Was ist nun aber mit den nachhaltigen Geldanlagen? Problematisch ist, dass es bisher keine gesetzliche Definition von »nachhaltiger Geldanlage« gibt. Also legen die Anbieterinnen mehr oder weniger selbst fest, was für sie Nachhaltigkeit bedeutet. Und dadurch kann es passieren, dass Firmen wie Nestlé oder Coca-Cola in einem Nachhaltigkeitsfonds landen.

Die CommerzReal Bank befindet sich momentan im Rechtsstreit mit der Verbraucherzentrale Baden-Württemberg: »Hier geht es um einen Fonds, der als Impact Fonds beworben wird. Die Bank wirbt mit einem CO_2-Rechner, mit dem der Verbraucher angeblich seinen persönlichen CO_2-Fußabdruck berechnen können soll. Anschließend soll der Verbraucher herausfinden können, welcher Anlagebetrag seinen CO_2-Fußabdruck ausgleicht. Lassen wir die Messmethode mal außen vor. Fakt ist: Die CommerzReal schreibt selbst im Kleingedruckten ihres Prospektes, dass sie nicht garantieren könne, dass die Anlageziele des Fonds erreicht werden. Sie widerspricht damit ihrer eigenen Werbeaussage.«[22]

Das ist nur ein aktuelles Beispiel von vielen. Wir merken, einheitliche Regeln müssen her, die für alle gleichermaßen gelten. Der Begriff »nachhaltige Geldanlage« ist also nicht geschützt – wie viel Nachhaltigkeit wirklich drinsteckt, legt das Unternehmen bisher weitestgehend selbst fest.

Momentan gibt es bei uns in Deutschland 14 Banken mit Nachhaltigkeitsstandards, die allerdings nicht alle dieselben Kriterien erfüllen. Wenn ihr euch weiter informieren wollt, dann schaut mal unter der von der Verbraucherzentrale zur Verfügung gestellten Website zum Thema vorbei: www.geld-bewegt.de

ETHISCHE BANKEN

Wenn eure Bank in Branchen investiert, die euch nicht passen, dann lohnt es sich, über einen Wechsel nachzudenken. In Deutschland haben wir aktuell fünf ethische Banken: Triodos Bank, Tomorrow, UmweltBank, Ethik Bank, GLS Bank. Auch diese Banken sind in der Auslegung ihrer Nachhaltigkeitsbestrebungen relativ frei, aber ethische Banken halten sich an Ausschlusskriterien für ihre Investitionen.

Sie vergeben beispielsweise keine Kredite an Unternehmen, die mit Gentechnik oder Tierversuchen arbeiten. Geld gibt's auch keins für Suchtmittel, nicht bei Kinderarbeit oder sonstigen Menschenrechtsverletzungen. Nachhaltige Banken investieren nicht in Waffengeschäfte und spekulieren nicht mit Nahrungsmitteln. Sie arbeiten transparent, versuchen, die Umwelt zu schützen und die Energiewende zu fördern.

Mein Wechsel zu einer ethischen Bank hat keine 10 Minuten gedauert, dann hatte ich online mein Konto samt Verifikationsverfahren eingerichtet – easy peasy. Nerviger Papierkram sieht anders aus. Ich kaufe im Bioladen ein und bin vor Jahren zu Ökostrom gewechselt. wieso zum Henker sollte ich Atomkraftwerke oder Waffen finanzieren? Würde ich niemals tun, wenn mir eine ihren Hut hinhält, nicht einen Cent würde ich da reinschmeißen. Aber so ist das mit den Dingen, die nicht direkt vor unseren Augen passieren. Die blenden wir richtig gut aus. Sie passieren aber trotzdem.

So, wie ich aus Prinzip nicht bei Primark einkaufe, so setze ich auch bei meiner Bank ein Zeichen (lang genug hat's gedauert). Miese Geschäfte sollen Kundschaft kosten, und ich wünsche mir, dass Banken das merken. Genauso, wie ich mir wünsche, dass Fast-Fashion-Ketten ihre Geschäftspraktiken, die unter aller Sau sind, endlich ändern.

Fragt eure Bank doch mal, ob sie ihre gesamten Investitionen für euch offenlegt. Wie sieht's aus mit Kernenergie oder der Waffenindustrie? Was ist mit Kohlekraftwerken? Wenn sie die Angaben zurückhalten, ist euer Wechsel ein Signal, das garantiert verstanden wird. Vor allem wenn viele diese Nachricht senden. Die Bank ist nicht verpflichtet, dir Auskunft zu geben, dafür zahlt sie dir schließlich Zinsen – dennoch sagt Schwafeln oder Schweigen hier sehr viel aus.

Dein Wechsel zu einer nachhaltigen Bank könnte in einer Utopie die Welt retten, ist aber auch ohne Utopie ein super Schritt. Jetzt wird dein Erspartes nämlich genutzt, um beispielsweise nachhaltige Energie zu fördern.

Banken sind seit 2017 übrigens dazu verpflichtet, Kundinnen bei einem Bankwechsel zu unterstützen, das macht es noch mal einfacher. Bei meiner neuen nachhaltigen Bank konnte ich in der App einfach per Knopfdruck auswählen, welche Unternehmen ich über meinen Bankwechsel informieren will. Dann habe ich beide Konten über ein paar Monate parallel geführt (man vergisst nämlich trotzdem immer die ein oder andere Lastschrift), und schon war der Wechsel ziemlich reibungslos vollzogen. Und nicht nur das, ich habe mittlerweile in meine eigene Bank durch ein Crowdinvesting investiert und werde also zukünftig am Erfolg beteiligt. Und dieser Erfolg entsteht durch Investition in erneuerbare Energie, die Mobilitätswende, soziale Gerechtigkeit, die Schaffung von Wohnraum für alle und mehr.

Ich habe euch einen Abschiedsbrief an eure Bank formuliert. Inspiration dafür habe ich auf der Website von Attac[23] gefunden. Attac setzt sich für die Verbesserung von Lebensbedingungen, die Förderung von Selbstbestimmung und Demokratie und den Schutz der Umwelt ein. Eine ökologische, solidarische und friedliche Weltwirtschaftsordnung soll vorrangiges Ziel von Politik und Wirtschaft sein. Unter dem Motto »Krötenwanderung« hatte Attac schon vor etlichen Jahren zum Bankwechsel aufgerufen. Dafür haben sie einen Vordruck erstellt, den man herunterladen[24] kann und den ich leicht angepasst habe.

Von:
Vreni Frost
Meine Straße 1
10179 Berlin
Konto-Nummer: 1234567890

An:
Adresse der bisherigen Bank

XX.XX.20 XX

CIAO KAKAO – ICH GEHE

Sehr geehrte Damen und Herren,

lang genug hat es gedauert, aber jetzt ist es mir klar: Ich will keine Bank, die Geschäfte mit Rüstungs- und Atomkonzernen betreibt, die durch Spekulationen den Hunger in der Welt verschärft, die unethische Arbeitsweisen unterstützt und auf Tier- und Menschenrechte pfeift.
Daher verabschiede ich mich mit einem deutlichen Signal an Ihr Haus. Als Bank hat man die Entscheidung, in Klimaschutz zu investieren oder soziale Gerechtigkeit zu fördern.
Ich bin davon überzeugt, dass wir uns keine »systemrelevanten« Banken leisten können und wechsle deshalb zu einer Bank, die eigene Risiken nicht der Gesellschaft aufbürdet. Wir brauchen eine lebendige Demokratie, die durch das Erpressungspotenzial der »too big to fail«-Banken ebenso gefährdet ist, wie durch die massive Lobby-Arbeit der Finanzindustrie.
Postbank-Zusatz (streichen, wenn andere Bank): Die Postbank selbst war für mich eine akzeptable Bank. Die Übernahme durch die Deutsche Bank hat die Situation jedoch grundlegend verändert. Die Deutsche Bank ist konsequent die schlimmste Bank in den oben genannten »Disziplinen«. Als Kundin wurde ich damals zur Übernahme nicht gefragt und kann jetzt nur so abstimmen – und ich stimme dagegen.

Bitte informieren Sie Ihre Zentrale über meine Entscheidung.

Beste Grüße

V. Frost

Vreni Frost

NACHHALTIGE INVESTITIONEN

Die Nachfrage nach Ökofonds, grünen Aktien und ethischen ETFs steigt. Nachhaltigkeit und hohe Renditechancen schließen sich nicht aus. Dennoch ist der Markt bisher noch recht undurchschaubar, weil, wie wir nun wissen, oftmals noch eigene Nachhaltigkeitskriterien von den Unternehmen selbst festgelegt werden dürfen und man dann plötzlich Firmen wie McDonalds, H&M oder Carnival (Kreuzfahrten) in einem nachhaltigen ETF findet.

Was bedeutet es also, nachhaltig zu investieren? Im Grunde gibst du dein Geld an Unternehmen, die die Menschenrechte achten und das Klima schützen (hoffst du zumindest).

Eine Richtlinie für eine nachhaltige Investition sind die sogenannten ESG-Kriterien:

Environment (Ökologie)
Social (Soziales)
Governance (Ökonomie)

Diese ESG-Kriterien sollen eine Art Gütesiegel darstellen. Sie bewerten, inwiefern ökologische, soziale und ökonomische Aspekte in Unternehmen beachtet werden. Viele Ratingagenturen für Nachhaltigkeit nutzen diese Kriterien, um Nachhaltigkeits-Ratings zu erstellen. Sie bewerten, wie verantwortungsvoll Unternehmen im Gegensatz zu ihren Mitbewerbern agieren.

Leider legen nun zahlreiche Unternehmen den Begriff »Nachhaltigkeit« unterschiedlich aus, was dazu führt, dass bei Weitem nicht alle nachhaltigen Wertpapiere grün oder sozial sind. Was fehlt, ist eine einheitliche und vor allem für alle verbindliche Definition dessen, was eine nachhaltige Anlage alles leisten muss.

Wenn es euch nicht reicht, dass ein Automobilkonzern neben allen anderen Modellen auch ein E-Mobil hat und sich deshalb als nachhaltig bezeichnet, dann solltet ihr nach dem FNG-Siegel Ausschau halten. FNG ist das **F**orum **N**achhaltige **G**eldanlage, seit 2001 der Fachverband für nachhaltige Geldanlagen im deutschsprachigen Raum.

Wer das FNG-Siegel erhalten will, muss grundlegende Mindeststandards einhalten, die zum globalen Pakt zwischen Unternehmen und den Vereinten Nationen gehören, nämlich Transparenz, die Berücksichtigung von Arbeits- & Menschenrechten, Umweltschutz und Korruptionsbekämpfung. Ausgeschlossen werden Investitionen in fragwürdige Bereiche wie Atomkraft, Kohlebergbau, Fracking, Waffen und Rüstung.

Wenn ihr beispielsweise in ETFs oder Fonds investiert, tauchen in den Namen Begriffe wie *Sustainable*, *Sustainability*, *Responsible*, *Fair Value* oder aber auch *SRI* auf. SRI steht für **S**ocially **R**esponsible **I**nvesting, also für gesellschaftlich verantwortungsvolle Kapitalanlagen. Zusätze wie *ESG*, *Climate* oder *Öko* finden sich ebenfalls.

Der MSCI World SRI-Index beispielsweise ist ein Klon des MSCI World-Index. Der MSCI World ist ein globaler Aktienindex, der die Kursentwicklung von rund 1.600 Aktien aus 23 Industrieländern abbildet. In der SRI-Version werden diejenigen Aktien berücksichtigt, die überwiegend mit klimafreundlichen Kriterien übereinstimmen und ein hohes Mindestmaß an ESG-Kriterien aufweisen. Aussortiert werden unter anderem die Geschäftsfelder Alkohol, Glücksspiel, Tabak, Rüstung, zivile Feuerwaffen und Pornographie. Sobald Unternehmen einen bestimmten Umsatz in diesen Gebieten erzielen oder als wichtige Produzenten, Zulieferer und Vertreiber tätig sind, werden sie herausgefiltert.

KLIMAKILLER KRYPTO

Wir haben uns ja bereits mit Kryptowährungen beschäftigt. Was ihr unbedingt noch wissen solltet, ist, dass Kryptowährungen regelrechte Klimakiller sind – der Hauptgrund, warum ich persönlich noch nicht in Krypto investiert habe (sonst würde ich längst Etherum besitzen).

Wie kann aber nun eine rein digitale Währung dermaßen klimaunfreundlich sein? Das ist doch rein digital?! Ja, liebe Freundinnen, das ist der Hauptgrund, genauer genommen gibt es drei Gründe:

1. **Erstens entstehen Kryptowährungen durch das sogenannte »Mining«. Es gibt mittlerweile eine ganze Industrie an Mining-Computer-Farmen, die zur Erzeugung von Krypto gigantische Rechenleistungen erbringen. Wir erinnern uns kurz an die Blockchain (➲ ab Seite 96) – für Kryptowährungen müssen stetig komplizierte Rechenaufgaben gelöst werden, auch bei sämtlichen Transaktionen mit den Coins.**
2. **Das führt uns zu Punkt zwei: Jede Kypto-Transaktion ist energieintensiv. Alex de Vries, ein niederländischer IT-Experte, sagt, dass jede Bitcoin-Transaktion rund 313 Kilo CO_2 verbraucht, jährlich sind Bitcoins (und das ist nur *eine* Kryptowährung!) durch ihren enormen Stromverbrauch für etwa 56 Millionen Tonnen CO_2 verantwortlich. Zum Vergleich: Um denselben Stromverbrauch für eine einzige Bitcoin-Transaktion zu erreichen, also 313 Kilo CO_2, könnten wir 52.000 Stunden lang auf YouTube rumhängen oder 695.000-mal mit unserer Visakarte bezahlen. Laut Bitcoin Energy Consumption Index (das ist ein täglicher Rechner der Universität Cambridge) könnte man mit dem Stromverbrauch von Bitcoin 34 Prozent des deutschen Strombedarfs decken.[25]**
3. **Kommen wir zum dritten Punkt. Das oben erwähnte Mining zum Lösen extrem komplizierter Rechenaufgaben benötigt eigene Spezialcomputer. Die Lebensdauer dieser Maschinen ist nicht besonders lang – nach eineinhalb Jahren ist Ende im Gelände, und sie müssen erneuert werden. Was folgt, ist ein großer Haufen Elektroschrott. Bei jeder Bitcoin Transaktion werden etwa 135 Gramm Elektroschrott produziert.**
   2021 ist die iranische Regierung so weit gegangen und hat

nach zahlreichen Stromausfällen vier Monate lang das Mining von Bitcoin und anderen Kryptowährungen verboten, vor allem illegale Miner machten sie für die Ausfälle verantwortlich.

Die Grundidee einer Kryptowährung ist, dass es keine Mittelspersonen oder Banken gibt, die das Geld verwalten. Die Idee an sich ist spannend. Nur erbringen unendlich viele Computer, die global verstreut sind, diese Leistung und brauchen dafür extrem viel Strom. Ständig werden Transaktionen in der Blockchain abgespeichert, die Datenkette wird länger und länger.

Zusätzlich haben wir das Mining, also das Schürfen nach neuen Bitcoins. Und wäre das total easy, hätten wir ziemlich schnell ein inflationäres System. Nein, um einen einzigen Bitcoin zu erzeugen, muss ein kompliziertes Rätsel gelöst werden. Der erste Rechner, der diese Aufgabe löst, bekommt den Bitcoin. Das nennt man »proof of work«, also zu Deutsch »Arbeitsnachweis«.

Ein Bitcoin ist, je nach Schwankung des Kurses (Stand 22. Januar 2022), um die 30.000 Euro wert. Je höher der Kurs steigt, desto höher auch der Stromverbrauch, weil alle was vom Kyptokuchen abhaben wollen und sich immer leistungsfähigere Rechner zulegen, um Bitcoins zu erzeugen.

Müssen wir Kyptowährungen als klimabewusste Anlegerinnen nun definitiv den Rücken kehren? Vielleicht nicht. Ich habe einen spannenden Artikel in der *Zeit* gelesen, der sich mit Krypto-Kunst beschäftigt.[23] Krypto-Kunst wie NFTs basieren quasi auf derselben Technologie wie Kryptowährungen. Und wenn wir jetzt wissen, wie umweltschädlich das abläuft, dann wundere ich mich doch sehr, dass gerade die Umweltorganisation WWF mit digitalen Kunstwerken auf das Artensterben aufmerksam machen will. Ziemlich zynisch, oder? *Zeit*-Autorin Ruth Fend schreibt dazu:

»Es gibt tatsächlich Wege, Kryptowährungen nachhaltig zu nutzen, und der WWF hat einen davon gewählt. Damit nimmt die Umweltorganisation in der Diskussion um den Fußabdruck der Blockchain-Welt eine Vorreiterrolle ein.«

Der hohe Energieverbrauch muss nämlich nicht sein, wenn Kryptowährungen anders programmiert sind und nicht mit der »proof of work«-Methode arbeiten. Daneben gibt es nämlich noch die »proof of stake«-Methode. Hier muss der Rechner kein kompliziertes Rätsel lösen, es reicht ein sogenannter Anteilsnachweis. Wenn ein Rechner ein bestimmtes Vermögen vorweisen kann, dann bekommt er direkt die Möglichkeit, den nächsten Block für die Blockchain zu erzeugen. Der Computer erhält quasi eine Arbeitslizenz, und nicht Abertausende Rechner arbeiten sich an derselben Aufgabe ab.

Die Kryptowährung Etherum ist beispielsweise momentan dabei, ihre Arbeitsprozesse umzustellen, um das Klima zu schützen. Das verbraucht im Vergleich zu »proof of work« nur einen Bruchteil der Energie, weil nicht alle Rechner weltweit versuchen, das Rätsel zu lösen, es macht die Währung aber auch anfälliger für Manipulation.

Jetzt erwidert die Bitcoin Community, dass das Problem an Bitcoin nicht der generelle Stromverbrauch, sondern vor allem der braune Strom sei. Würde man auf grünen Strom umstellen, sei das Mining kein Problem mehr. Das ist natürlich genauso plump, wie Krypto-Emissionen zu kompensieren, indem man in erneuerbare Energien oder Technologien investiert. Auf grünen Strom sind, Überraschung (!), auch schon ganze Regierungen und Industrien gekommen. Nun haben wir aber das kleine Problemchen, dass weltweit nicht schnell genug grüner Strom vorhanden sein wird, um das 1,5-Grad-Ziel zu erreichen.

Im November 2021 hat die schwedische Finanzaufsichtsbehörde (Finanzinspektionen) eine Stellungnahme zum Mining von Kryptowährungen veröffentlicht.[27] Sie befürchten, dass das Mining von Währungen wie Bitcoin oder Ethereum dazu führen könnte, dass Schweden seine Klimaziele nicht erfüllen kann. Deshalb empfehlen sie ein Verbot von »proof of work«-Mining, am besten europaweit.

KREATIV INVESTIEREN

Now I think it's one of the most use
less questions an adult can ask a child:

What do you
want
to be
when you grow up?

As if growing up is finite. As if at
some point you become something
and that's the end.

MICHELLE OBAMA

BESONDERE INVESTMENTS

Kommen wir endlich zu den Investitionen, die richtig Spaß machen, weil sie uns im besten Fall nicht nur eine schöne Rendite bescheren, sondern darüber hinaus noch den ästhetischen Aspekt mit ins Spiel bringen.

Kunst und Sammlerstücke

Ich habe vor ein paar Jahren angefangen, in Kunst zu investieren. Bei mir hängt kein Rothko oder Hirst, das kann ich mir bei Weitem nicht leisten, aber ich investiere regelmäßig in junge Künstlerinnen. Das verschönert nicht nur mein Zuhause, es kann auch richtig was bringen, falls die Person durchstartet.

Ich kaufte ein Gemälde einer Künstlerin für 800 Euro, und nach einem Jahr entdeckte ich ein anderes Bild aus der gleichen Serie in derselben Größe bei einer Auktion mit dem Startpreis von 8000 US-Dollar – Bäm! Das ist natürlich ein extrem positives Beispiel, aber es zeigt, wie schnell sich hier Preise verändern können. Mein Bild von ihr besitze ich übrigens immer noch, es kam sogar noch ein zweites hinzu. Die Kunst an der Kunst-Investition ist nämlich, sich von seinem Werk trennen zu können. Und natürlich müssen wir uns dann auch schlaumachen, wie wir am besten weiterverkaufen – auch hier geht ohne Netzwerk wenig.

In Kunst zu investieren kann sich durchaus lohnen. Allerdings solltet ihr euch hierfür etwas auskennen. Nicht alles, was gut aussieht, ist oder wird wertvoll. Im Umkehrschluss sieht nicht alles, was wertvoll ist, gut aus.

Bei der Kunst geht es neben Talent, Technik und Aktualität auch viel um die Beliebtheit der Künstlerinnen. Wird ihre Kunst viel gezeigt und hängt sie in renommierten Galerien, dann steigt die Nachfrage und damit der Preis. Im Unterschied zum alltäglichen Konsummarkt ist der Unterschied beim Kunstmarkt, dass es oft sehr subjektiv ist, wer wann wie erfolgreich wird. Deshalb ist hier Fingerspitzengefühl und auch ein wenig Glück gefragt, wenn ihr mit Kunst eine Wertsteigerung erzielen wollt. Das Gute: Wenn ihr zu einem fairen Preis kauft, macht ihr auch keinen Verlust. Einen bestimmten Wert behält das Bild eigentlich immer. Ich kaufe übrigens nie nur wegen Wertsteigerung, sondern in erster Linie wegen Schönheit – das ist für mich der höhere Gewinn und hat Priorität.

Neben der Kunst gibt es unzählige Sammlerstücke, in die man investieren kann. Was für Väterchen Frost die Briefmarke ist (er hat so tolle Alben!), ist für andere die Rolex oder doch vielleicht die noch nie aus ihrer Verpackung genommene Actionfigur. Auch hier reguliert der Markt den Preis. Der Preis ist immer so hoch, wie die Käuferin mit dem höchsten Gebot bereit ist zu zahlen.

Wundert ihr euch also darüber, dass es Turnschuhe gibt, für die Preise von über 100.000 Euro aufgerufen werden, dann seid euch bewusst, dass es wohl mindestens eine Person gibt, die diesen Preis zahlt. Manche Marken arbeiten bewusst mit der Methode der künstlichen Verknappung, sprich, es werden bewusst wenige Teile produziert. Damit will man den Hype um ein Produkt ankurbeln und die Preise hochhalten. Paradebeispiel ist die Marke *Supreme*, die schon vor Jahren einen echten Boom ausgelöst hat.

Kooperationen der New Yorker Skatermarke sind so beliebt, dass sie einen Koffer von Louis Vuitton durch ihr Logo zu einem Designobjekt von über 12.000 Euro machen. Ich treibe mich ja auf so einigen Vintage-Portalen herum und sah erst letzte Woche einen roten Weekender aus der Kooperation, der für 24.000 Euro angeboten wurde. Auch Ziegelsteine, Feuerlöscher oder Geldzählmaschinen rebranded *Supreme* seit Jahren und erschafft so permanent neue Sammlerstücke.

Da für die meisten Menschen solche Investments nicht möglich sind, konzentrieren sich manche Unternehmen darauf, ein Investieren in Sammlerstücke in kleinen Teilen anzubieten. So kann man beispielsweise ab etwa 50 Euro Anteile am Objekt der Begierde kaufen. Man teilt sich quasi das Sammlerstück, das an einem passenden Ort verwahrt wird. Zu Gesicht wirst du es wahrscheinlich nie bekommen, aber wird es irgendwann verkauft, erhältst du den dir zustehenden Betrag.

NFTs

Bleiben wir bei Kunst und bei Dingen, die wir nicht wirklich anfassen können. Das bringt uns zu NFTs. NFT bedeutet Non-Fungible Token, zu Deutsch: nicht austauschbarer Token. Ein Token ist eine Wertmarke, so was kennen wir eventuell von Veranstaltungen, wo wir Geld in Token umtauschen und für einen blauen Chip ein Bier und für zwei rote Chips eine Pommes bekommen. Im Fall von NFTs ist ein Token die digitalisierte Form eines Vermögenswertes, der Token besitzt also einen gewissen Wert oder hat eine bestimmte Funktion. Ein Token kann Besitzverhältnisse digital abbilden und das Objekt dadurch handelbar machen.

Um zu verstehen, wie NFTs funktionieren, denken wir noch einmal an unsere Blockchain zurück. Denn NFTs basieren, genau wie Kryptowährungen, auf genau dieser Technologie. Auch bei einem NFT werden die Eigentumsdaten in der Blockchain gesammelt. Jede Transaktion formt einen neuen Baustein.

Stell dir vor, es gibt ein Meme von dir im Internet. Dieses Meme hat im Bild selbst eingelassene Metadaten, die es möglich machen, jede Verwendung deines Bilds nachzuvollziehen. Alle mit deinem Meme erwirtschafteten Umsätze sind offen einsehbar. Jeder weiß, dass dein Meme bereits 100.000 Euro eingebracht hat (wäre geil). Wenn dir also die Rechte an deinem Meme gehören, dann bist du jetzt 'ne richtig reiche Lady und verdienst an allem, was das Meme erwirtschaftet, mit. Über den NFT ist eindeutig geklärt, wem ein Objekt gehört. Und weil die Blockchain dezentral nicht gefälscht werden kann, kann auch keine andere einfach behaupten, dass ihr die Rechte an deinem Meme gehören.

In Deutschland bereits sehr erfolgreich mit ihren NFTs ist das Künstlerduo Looping Lovers. Die Werke von Philipp Ries und Thomas Mayer bilden humanoide Wesen ab, die sich im digitalen Raum unabhängig von physikalischen Gesetzen frei bewegen und schweben. Das sieht ziemlich abgefahren aus, und es lohnt sich, mal auf der Website der Jungs vorbeizuschauen.

NFTs müssen aber nicht zwangsläufig digital sein. Das macht es bei einigen Dingen, wie eben Kunst, etwas einfacher, da digital viel leichter nachvollzogen werden kann, wie und wo die Kunst genutzt wird, aber auch alle anderen Rechte an Dingen wie Musik oder sogar Immobilien können als NFTs behandelt und damit auch gehandelt werden. Meine Freundin Babo hat sich zum Beispiel gerade einen der ersten (wenn nicht sogar den ersten) NFT-Sneaker gekauft. Dabei ist der Schuh ganz real, er existiert und wird ihr physisch zur Verfügung gestellt. Dass Babo der Schuh wirklich gehört, ist in der Blockchain festgehalten. Will sie den Schuh nun verkaufen, muss sie das über eine digitale Transaktion in der Blockchain tun. Die Eigentumsrechte werden so für alle sichtbar übertragen, und der Schuh ist fälschungssicher. Der NFT garantiert ihr den Zugang zu zukünftigen Limited Editions, Kooperationen oder anderen exklusiven Produkten. Im Grunde ist es wie ein exklusiver Kreis, der durch die NFTs besonderen Zugang zur Marke bekommt.

Exklusiv ging es auch auf der Art Basel Miami Beach im Dezember 2021 zu, als NFTs die Kunstmesse fluteten. Zu einigen Parties bekam man nur als Besitzerin von bestimmten NFTs Zutritt.

Vor allem für Designobjekte und Luxusmarken ist es also spannend, die Rechte ihrer Produkte mittelfristig auf die Blockchain umzuziehen und sie zu NFTs zu machen. Ein interessantes Feld, das in Zukunft enorm an Bedeutung gewinnen wird. Hier bleibe ich auf jeden Fall am Ball.

Designerprodukte

Und da kommt schon ein weiteres Lieblingsthema: Designerprodukte. Denn auch die können ein lohnendes Investment sein, und der Vielfalt sind keine Grenzen gesetzt. Investitions-Objekt der Begierde kann alles sein, was Nachfrage generiert.

Für die ikonische »Birkin Bag« von Hermès dürft ihr euch auf eine jahrelange Warteliste gefasst machen. Bestimmte Rolex-Modelle bekommt ihr nur, wenn ihr einem Inner Circle angehört – keine Ahnung, wie man da reinkommt …

Chanel zieht momentan den Ärger vieler Kundinnen auf sich, weil sie seit 2020 die Preise so krass erhöht haben, dass es nicht mehr tragbar ist. Der Preis der klassischen gesteppten Ledertasche, Modell 2.55 mit goldener Kette, lag im November 2021 auf der Chanel-Website bei 7.800 Euro, verglichen mit 6.050 Euro im Dezember 2020, was einem Anstieg von fast 30 Prozent entspricht (und sowieso schon bescheuert genug ist für eine Tasche). Im Januar 2022 steht die Tasche nun bei 8.400 Euro. Wer also noch eine alte Chanel-Bag in gutem Zustand besitzt, könnte jetzt einen ziemlich guten Deal machen.

Ich persönlich sammle Vintage-Designerschmuck, manches just for fun und andere Teile zusätzlich zum Fun als kleine Wertanlage. Ich besitze ein Paar Ohrclips von Chanel, das ich für 500 Euro gekauft habe und im Internet mittlerweile für mindestens 1.000 Euro finde. Dann habe ich eine klassische Vintage-Chanel-Bag in Schwarz mit Logo (keine 2.55), die ich für 1.800 Euro gekauft und mindestens für 2.500 Euro verkaufen könnte. Der Punkt: will ich gar nicht, mag ich zu sehr. Aber sollte es mal nicht laufen bei mir, sind hier genug Teile, die ich unter die Leute bringen kann, bevor es ans Eingemachte geht.

Letztes Jahr habe ich mir eine Gucci-Tasche aus *The Hacker Project*, einer Kooperation mit Balenciaga, gekauft. Online finde ich die Modelle secondhand bereits für das Doppelte. In diesem Fall halte ich das für einen kurzen Hype, der schnell abflachen wird. Die Tasche habe ich nicht aus Wertsteigerungsgründen gekauft, sondern weil ich sie schlicht arschgeil finde. Anders ist das bei Hermès-Taschen, die secondhand angeboten werden. Hier halten sich seit Jahren Preise, die weit über dem eigentlichen Verkaufspreis liegen, weil die Modelle so rar sind.

Könnte Hermès mehr Taschen produzieren? Na klaro. Wollen sie das? Nope. Absolut nicht. Ganz im Gegenteil. Firmen wie Hermès und Chanel halten die Teile künstlich knapp, und statt die Produktion zu erhöhen, erhöhen sie die Preise in regelmäßigen Abständen, was die Produkte selbst zu interessanten Investments macht. Wenn eine Kollektion nicht komplett verkauft wird, so werden die Restbestände verbrannt oder geschreddert – zumindest hält sich dieses Gerücht hartnäckig.

Ich bin großer Fan von Designerprodukten aus zweiter Hand. Vergleichen wir das mal mit einem Autokauf: Ein Neuwagen macht oft wenig Sinn, weil der Wertverlust im ersten Jahr am höchsten ist. Danach bleibt der Preis lange stabil. Kauft ihr also eine Secondhand-Designertasche zu einem vernünftigen Preis, könnt ihr sie bei guter Pflege fast immer zum selben Preis, wenn nicht sogar ein bisschen höher, weiterverkaufen.

Rechnen wir das durch: Ich kaufe eine Tasche von Gucci für 500 Euro. Ich trage die Tasche zwei Jahre lang mindestens zweimal die Woche und achte darauf, dass sie immer gut gepflegt ist. Durch die hohe Qualität der Tasche ist es sehr wahrscheinlich, dass sie auch nach zwei Jahren aussieht wie zuvor. Ich kann meine Tasche also wieder für den gleichen Wert zum Verkauf anbieten. Und das Beste: Das Ding war dann quasi gratis. Cost per Wear bei zweimal tragen pro Woche in zwei Jahren: rund 4,80 Euro. Bei Verkauf: Nullinger.

Mein Liebster sagt immer: Wer günstig kauft, kauft zweimal. Musste ich letztens erst wieder feststellen, als ich mir für meine Nintendo Switch No-Name-Controller kaufte, weil ich zu geizig war, die 80 Euro für neue auszugeben. Tja, die waren nach einem Dreivierteljahr kaputt. Jetzt nutze ich wieder die Originalen.

Bei Taschen kann es genauso sein: Günstigere Modelle muss ich im Zweifel alle sechs Monate durch neue ersetzen, ein Weiterverkauf macht keinen Sinn.

Als Fazit folgen wahre Worte, die ein Freund einmal zu mir gesagt hat: »Ich bin zu arm, um mir günstige Sachen zu kaufen.«

DIE RICHTIGE PARTNERIN

Klingt lustig? Ja, auch unser Partner oder unsere Partnerin kann als Investment gezählt werden. Warum? Weil wir einen Großteil unserer Zeit und viel Energie investieren. Habt ihr jemanden an eurer Seite, der euch in euren Träumen unterstützt, werdet ihr immer ein anderes Ergebnis erzielen als mit einer Person, die euch klein halten will. Und unterstützt ihr umgekehrt euren Lieblingsmenschen in seiner Karriere, dann kann sich das auch für euch lohnen, nicht nur finanziell, sondern vor allem in puncto Zufriedenheit. Liebe ist toll und wundervoll. Und du bist das auch. Deshalb verkauf dich nicht unter Wert, eine Beziehung soll dir guttun und dich wachsen lassen.

Genauso halte ich es auch mit Freundinnen. Ich habe tatsächlich keine einzige enge Freundin, die mir in irgendeiner Art und Weise auf den Sack geht oder Energie raubt. Ganz im Gegenteil, wir unterstützen uns, hören zu, motivieren uns und lösen Probleme gemeinsam. I love it!

Weiterbildung und Karriere

Weiterbildungen sind der Shit. Sie sorgen dafür, dass du andere Aufgaben annehmen kannst und so auch deinen Marktwert steigerst. Sie sind ein großartiges Investment. Als ich so genervt von der Influencerbubble war und aus dieser Branche rauswollte, habe ich mir einen großen Traum erfüllt und mich zur professionellen Sprecherin für Hörbuch, Hörspiel, Werbung, Synchron und Co. ausbilden lassen.

Für privaten Sprech- und Schauspielunterricht über etwa eineinhalb Jahre habe ich rund 4.000 Euro investiert (die ich auch von der Steuer absetzen kann). Pünktlich zu Beginn der Corona-Pandemie 2020 war ich bereit für den Markt, und der Einstieg hätte mit Lockdown und allen anderen Maßnahmen nicht beschissener (sorry!) sein können. Trotzdem hatte ich das Geld für die Weiterbildung durch diverse Jobs im ersten Jahr fast wieder drin. 2021 lief richtig super, und eins meiner Projekte aus diesem Jahr (»Hannes soll kein Russe werden«) hat im Frühjahr 2022 sogar den Deutschen Hörbuchpreis gewonnen.

Wenn du dich selbstständig machen und deine Ersparnisse nutzen willst, um deine beruflichen Träume zu verwirklichen, dann ist ein guter Plan gefragt. Behalte deine Kontenmodelle im Auge, und nutze wirklich nur das Geld, das dich nicht ruinieren wird. Permanente Geldsorgen bei der Gründung oder in der Selbstständigkeit sind ziemlich ätzend und dadurch eher hinderlich. Vielleicht kannst du ja deine Zeit zu Beginn aufsplitten und weiter Teilzeit arbeiten. Überlege dir ein gutes Modell für deine persönliche Situation.

Was mir hier unfassbar wichtig ist zu sagen: Trau dich! Bist du nicht happy in deinem Job, wechsle, bilde dich weiter, suche nach Alternativen. Mut wird immer belohnt. Ich erfinde mich gern regelmäßig neu oder entwickle mich in mehrere Richtungen, gerade im Berufsleben. Nicht nur, weil mir schnell langweilig wird in Routinen, nein, vor allem, weil es da draußen einfach so viele geile Jobs gibt. Warum also im Trott bleiben, wenn es mich nicht mehr erfüllt? Viele haben Angst davor, die Sicherheit des alten Jobs zu verlieren, und natürlich kann das ein Einschnitt sein und bedeutet eine enorme Umstellung. Aber das Freiheitsgefühl ist großartig, und Selbstverwirklichung lässt dich enorm wachsen.

Du bestimmst, wie dein Leben aussehen soll. Nicht deine Eltern, deine Arbeitgeberin oder deine Freundinnen. Du für dein Leben, ich für meins. Hätte ich mich angepasst, nur weil Menschen der Ansicht sind, dass ich mich ja auch mal entscheiden könnte, dann wäre ich nicht da, wo ich bin, und ich wäre nicht so zufrieden, wie ich es bin. Für mich ist Weiterbildung oder eben auch die damit verbundene Selbstverwirklichung die allerbeste Investition. Sie ist die Basis für alles, was sich entwickeln wird.

EXKURS: TIPPS FÜR MEHR FINANZIELLES SELBSTVERTRAUEN

Sprich über Geld

Hach, wir Deutschen – haben zu allem eine Meinung, aber über Geld sprechen wir nur hinter vorgehaltener Hand. Ich erinnere mich gut, als ich auf einer Pressereise das Thema beim Abendessen unter Kolleginnen angesprochen habe. Da ging es darum, was für Preise ich bei einer Kooperation aufrufe, beispielsweise für einen Blogpost oder Werbung auf Instagram. Ein paar Tage später erhielt ich tatsächlich eine ziemlich böse Nachricht einer Kollegin, dass das kein Thema für die Öffentlichkeit sei. Doch. Ist es. Gerade wenn man zur ersten Generation eines Berufszweigs gehört, wie ich damals als Bloggerin der ersten Stunde. Nur so entwickle ich doch ein Gefühl dafür, was meine Arbeit wert ist: indem ich Preise vergleiche und mich über Inhalte austausche. Natürlich ist es oft vertraglich geregelt, dass man nicht über Honorare sprechen darf. Das verstehe ich, wenn mich eine externe Firma beauftragt, aber innerhalb einer Arbeitsstelle finde ich das total unangebracht. Heute würde ich das, sollte ich jemals wieder fest angestellt sein, aus jedem Arbeitsvertrag streichen lassen.

Geld verbinden wir immer mit Emotionen. Verbinde ich es persönlich mit einem Gefühl von Freiheit, denkt jemand anderes an Sicherheit oder Erfolg. Geld löst aber genauso oft, wenn nicht sogar häufiger, Gefühle von Neid, Angst oder Abhängigkeit aus. Auch mir ist es manchmal peinlich, über Geld zu sprechen, und ich korrigiere mein Einkommen nach unten, weil ich bei anderen keine negativen Gefühle auslösen will. Mit meiner besten Freundin spreche ich schon immer über Finanzen, die kennt mich noch zu einer Zeit, da habe ich mich von Instant-Suppen ernährt, während sie mit Omas Erbe eine Weltreise gemacht hat – Neid war da nie im Spiel. Aber mir war bewusst, wie anders unsere Ausgangslage war, obwohl auch ich echt privilegiert aufgewachsen bin. Schon seit zig Jahren tauschen wir uns aus, wie Finanzen bei uns geregelt sind. Mittlerweile freue ich mich, dass ich Ratschläge geben kann – Mrs. Instant-Suppe wurde zu Mrs. Investment-Tipp.

Spannend finde ich, dass Freundinnen und Bekannte, die wissen, dass ich mich mit dem Thema Finanzen auseinandersetze, die Scheu vor dem Thema verlieren und mich darauf ansprechen. Dann erkläre ich gern und freue mich, wenn ich meine Mädels und Jungs ermutige, ihre finanzielle Unabhängigkeit anzugehen.

Über Geld zu sprechen kann uns nur weiterbringen, wir lernen voneinander und können auch gemeinsam wachsen, wie der nächste Punkt zeigen wird.

Gründe deinen eigenen Finanzclub

Wir alle kennen Buchclubs, Sportpartnerschaften, Nachbarschaftshilfe und Co. Warum also nicht einen eigenen Finanzclub mit deinen Freundinnen gründen? So könnt ihr euch zum Beispiel einmal im Monat (oder anfangs auch öfter) treffen, um gemeinsam Dinge zu lernen oder Anlagemöglichkeiten zu besprechen.

Vielleicht sucht ihr euch beim ersten Treffen eine Haushaltsbuch-App und vergleicht einen Monat später eure Erkenntnisse. Ihr motiviert euch gegenseitig, und irgendwann richtet ihr zusammen ein Depot ein, und Schwupps, liegt vielleicht die erste Aktie drin oder der ETF-Sparplan ist abgeschlossen. Und: Ihr habt immer jemanden, der im selben Boot sitzt und euch beim Rudern hilft. Geht bestimmt leichter und macht mehr Spaß!

Learning by doing

Ja, ich kann euch ganz viel zu Aktien, ETFs, Versicherungen, Immobilien und und und erzählen. Noch besser ist es aber, einfach ins

Wasser zu springen und zu schwimmen. Dank dieses Buchs ist das Wasser auch nicht mehr ganz so kalt. Spring rein, und dann schau, ob du erst mal plantschen, gemütlich floaten oder gleich ein paar Bahnen hinlegen willst.

Beim Thema Aktien war es bei mir folgendermaßen: Ich hatte mir ein Depot eingerichtet, habe dafür eine App auf dem Handy. Dann beobachtete ich für eine Weile einfach ein paar Marken, die ich spannend fand, und schlug zwei Wochen später bei LVMH zu. Zwei Aktien habe ich gekauft. Und wie bei meiner ersten Prada-Tasche hat das alles erst ins Rollen gebracht. Mit 30 habe ich mir meine erste Handtasche von Prada gekauft, mein erstes richtig teures Designerteil. Dann hat die liebe Seele Ruh, dachte ich. Ha, falsch gedacht – damit fing meine Sammelleidenschaft erst an. Bei der Börse ist es ähnlich, nur dass ich Geld ausgebe und hoffentlich damit mehr anspare (klingt paradox, aber so funktioniert die Börse eben). Nach LVMH kamen zwei weitere Einzelaktien und drei Sparpläne. Während ich dieses Buch schrieb, kam noch ein nachhaltiger ETF-Sparplan hinzu und ein Investment in ein Start-up. Letzteres ist echt risikoreich, das habe ich mich nur getraut, weil die breite Masse meiner Ersparnisse gut abgesichert ist.

Und es macht Spaß! Mein finanzielles Selbstbewusstsein wächst, und ich merke einfach noch mehr, dass wir keine Angst vor diesem Thema haben sollten.

Learning by doing, aber bitte erst, wenn der »Fuck-It-Fund« sicher ist und du ohne existenzielle Sorgen investieren kannst. Und dann trau dich!

Bye-bye, falsche Finanzideale

Beim Thema Reichtum gleich zu Beginn des Buchs hatten wir dieses Thema bereits angesprochen. Ich muss ja immer fast brechen, wenn bei mir auf Instagram irgendwelche Finanzheinis aufpoppen, die so armselige Sprüche posten, dass es kracht, und davon faseln, dass ihr nur euer Mindset ändern müsst. Hier eine kleine Kostprobe:

> »Der Unterschied zwischen arm und pleite ist, dass arm sein eine Einstellung ist.«
> »Starte unbekannt. Ende unvergesslich.«
> »Triff die Entscheidungen, die ein reicher Mensch treffen würde!«

Äh, okay. Habe jetzt einen Hubschrauberlandeplatz auf meinem Mietshaus errichten lassen und fliege täglich nach New York oder wahlweise an die Côte d'Azur. Außerdem arbeiten für mich nun eine Privatköchin, eine Nanny für die drei Katzen, und bald brauche ich eine Reha, weil die Flasche Schampus zum Frühstück vielleicht doch keine so gute Idee ist auf Dauer. Ach ja, habe alle meine Freundinnen verloren, weil sie finden, ich hätte mich verändert, und den Schmerz darüber betäube ich mit Tabletten.

Okay, Scherz beiseite, uns ist, glaube ich, allen klar, wie bescheuert und nichtssagend solche Sprüche sind. *Du* legst fest, was dir in Bezug auf Finanzen wichtig ist. Natürlich darfst du groß denken. Die Bodenhaftung zu behalten, lohnt sich dabei jedoch durchaus.

Belüg dich nicht selbst

Hach, ja, das fiel mir lange Zeit ja richtig schwer, vor allem als ich kein Geld hatte … Ach, die kleine Chanel-Lidschattenpalette macht den Kohl jetzt auch nicht mehr fett, Lohn kommt ja eh in drei Tagen, und damit ist der Dispo auch wieder ausgeglichen.

Im Dispo bin ich heute nicht mehr, aber diesen Monat mit meinem Haushaltsbuch im Minus. Um das zu vertuschen, habe ich einfach die neue wunderschöne, orangefarbene Bank mit Stauraum (perfekt für die Küche) von meinem Geschäftskonto bezahlt – jetzt, wo ich das so niederschreibe, muss ich laut lachen, denn das ist echt ganz schön bescheuert. Wie so ein kleines Kind, das sich die Augen zuhält und denkt, dann sieht es niemand. Na ja, ihr seht, auch mir passiert das immer noch, wenn auch nicht mehr regelmäßig und mit dem großen Unterschied, dass ich mittlerweile nicht wirklich in die Nähe des Sollbereichs komme. Ich habe nämlich auf meinem Konto einen Puffer von ein paar Hundert Euronen, der aber eigentlich nicht angetastet werden soll – deshalb aber eine orangefarbene Bank mit dem Geschäftskonto zu bezahlen, ist nicht die Lösung. Auch ich kann mich manchmal nicht bis zum nächsten Monat zurückhalten, und das ist okay. Dennoch übe ich mich in Konsumgeduld.

Was Finanzen angeht, sollten wir zu uns selbst ehrlich sein, gerade wenn es um Kredite oder Sollzinsen gilt. Ist manchmal ätzend, ich weiß, bringt uns aber sicherer ans Ziel.

Sei neugierig, und lerne stetig
Ich kann dir die Wirkung von 30 verschiedenen Cremes, Seren oder sonst was ganz genau aufzählen, aber von Aktien und ETFs hatte ich lange keine Ahnung. Zeit für ein bisschen Financial Wellness. Kann ich mir zwar nicht irgendwo hinschmieren und werde dann vermeintlich schöner, macht mich aber selbstbewusster und cleverer. Deine Neugierde hast du schon bewiesen, weil du dieses Buch fast ausgelesen hast. Darüber hinaus gibt es aber noch mehr Literatur, die dein Wissen vertieft. Nicht nur Literatur, auch Vorträge, Podcasts und mehr bringen dir viel bei! Deshalb sei offen für Finanzthemen, du weißt jetzt: Es ist viel einfacher, als wir immer dachten!

Verkauf dich nicht unter Wert
Wenn ich das sage, meine ich nicht nur dein Gehalt, sondern vor allem auch deine Energie. Unser Beruf nimmt einen Großteil unse-

rer Lebenszeit in Anspruch. Der falsche Arbeitsplatz vergiftet. Zum ersten Mal habe ich meinen Wert erkannt, als ich erfolgreich mein Jurastudium in Tübingen nach dem zweiten Semester abbrach. Ciao Kakao, is nix für mich. Stolz wie Bolle bin ich im Nachhinein auf diesen Move. Warum? Weil ich mich gegen alle Zweifler durchsetzte und eine bewusste Entscheidung für mein Leben traf. Ich entschied mich für einen vermeintlich schlechter bezahlten Job, nämlich den Journalismus. Eine der besten Entscheidungen meines Lebens, denn was alles aus meinem Medienwissenschaftsstudium und den Wegen, die ich danach einschlug, entstanden ist, liebe ich!

Es ist *dein* Leben. *Du* bestimmst, was dich glücklich macht, **und *du*** bestimmst auch, was Glück für dich persönlich bedeutet. Egal ob Aktiendepot oder Tütensuppe.

Was meine Karriere angeht, so habe ich mir noch nie Sorgen gemacht. Ich stürze mich rege mäßig auf neue Themen, wenn ich merke, dass mich mein Job nicht mehr erfüllt. Und spannenderweise war ich noch nie geldgetrieben. Ich sehe Geld als Sicherheit an, um tun zu können, was mich erfüllt. Ich kann mich selbst verwirklichen, weil ich mir einen Puffer aufgebaut habe, der mich im Notfall auffängt. Diese Freiheit setzt bei mir großartige Energien frei, die wiederum zu erfolgreichen Projekten führen. Geld ist für mich also ein Netz, das mich auffängt und mir Freiheit gibt.

»Mir ist Geld nicht wichtig«, sagen viele. Das sind fast immer die Leute, die genug Geld haben. Und ich weiß, was sie damit ausdrücken wollen, die Aussage ist aber schlicht falsch. Sie wollen, glaube ich, eigentlich sagen: »Mir ist *mehr* Geld nicht wichtig.« Ich habe einen Status, der mich zufrieden macht, und mehr brauche ich nicht. Meist ist dieser Status aber bereits überdurchschnittlich komfortabel, was auch vollkommen okay ist, aber Geld ist mir deshalb nicht egal.

Damit du einen für dich zufriedenstellenden Status erreichst, kenne deinen Wert. Und vertritt ihn bei deiner Arbeitgeberin. Glaubt mir, heute kann es sich kein Unternehmen mehr leisten, gute Leute gehen zu lassen. Wer jemals Angestellte hatte, weiß, wovon ich rede. Gute Mitarbeiterinnen sind der absolute Gewinn für jede Firma – und die findet man keineswegs wie Sand am Meer. Sorge dafür, dass du nicht austauschbar bist. Denk mit, bring Ideen ein, und du wirst unverzichtbar. Und mach dir bitte nicht zu viel Stress bei Gehaltsverhandlungen oder generell bei kritischen Gesprächen – ob ihr es glaubt oder nicht, auch eure Chefin kocht nur mit Wasser. Was nicht bedeutet, dass sie daraus eine ganz hervorragende Pho-Suppe macht, aber unsere Ausgangslage ist erst mal Wasser. Genauso bei Einstellungsgesprächen. Viel zu wenigen ist bewusst, dass nicht nur ihr euch anpreisen müsst, sondern dass das ein gegenseitiges Kennenlernen ist – das verkennen übrigens auch zu viele Firmen und denken, sie können potenzielle Kandidatinnen da richtig in die Mangel nehmen. Nee, Freundchen, jetzt sag mir doch mal, warum ich für eure Bude arbeiten sollte. Wenn es um Werte geht, macht also immer gern einen Perspektivwechsel.

Und vor allem: Hab keine Angst vor Neuem. Wenn du es willst und dafür arbeitest, dann schaffst du es. Man sagt so schön (Achtung, jetzt kommt wieder ein hohler Spruch): »Glaub immer an deinen Traum.« Allerdings kannst du träumen, wenn du deinen hübschen Popo nicht hochbekommst, um etwas dafür zu tun. Deshalb sage ich immer, eine gute Mischung aus »Glaub an deine Träume« (oder auch: Think big!) und »Von nichts kommt nichts« ist der richtige Weg.

Und ja, natürlich kannst du nicht alles, was du nicht vorher schon einmal gemacht oder gelernt hast. Zwischen »Kann ich nicht« und »Will ich nicht« besteht ein himmelweiter Unterschied – auch was Finanzen angeht. »Will ich nicht« ist eine klare Entscheidung. Sagst du aber

»Kann ich nicht«, dann drückst du dich. Und damit begrenzt du dich, du gibst Kontrolle ab. Don't do it. Probiere es wenigstens, es wird immer eine Bereicherung sein.

Rückschläge sind kein Scheitern

Preach it, Baby! Das Wort »Scheitern« gibt es in meinem Wortschatz nicht. Und das habe ich gar nicht bewusst so gewählt, sondern es scheint schon immer meine berufliche Grundeinstellung zu sein. Wenn ich eine Aufgabe nicht bewältige, dann bin ich nicht gescheitert. Wenn es nicht klappt, kann das mehrere Gründe haben, die es zu hinterfragen gilt: Entweder habe ich mich nicht gut genug vorbereitet, die Zeit war schlicht noch nicht reif oder mein Plan nicht ausgeklügelt genug. Vielleicht bin ich aber auch einfach nicht die Richtige für diese Aufgabe. Selbst wenn das zutrifft, bin ich keinesfalls gescheitert, sondern habe eine wichtige Erkenntnis gewonnen, die mich in Zukunft weiterbringen kann.

Im Berufsleben und auch privat stoßen wir immer wieder an Grenzen, das gehört zum Leben dazu, ist oft ätzend, aber total wertvoll für unsere weitere Entwicklung. Solche Momente bringen uns dazu, uns zu hinterfragen und zu verändern. Wir wagen dadurch neue Wege oder beißen uns vielleicht auch durch. Egal, ob du eine Herausforderung meisterst oder nicht, sie bleibt eine Bereicherung. Deshalb: Keine Angst, es wird schon schief gehen!

Wozu?

ist Geld gut,
wenn nicht, um die

Welt

zu verbessern?

ELIZABETH TAYLOR

SCHRITT FÜR SCHRITT ZUR INVESTORIN

Such dir Role Models

Wer inspiriert dich? Was Frauen im Finanzbereich angeht, haben wir noch gar keine so große Auswahl – ich vertraue stark darauf, dass sich das in Zukunft ändert. Es muss ja auch keine Börsenmaklerin sein, vielleicht inspiriert dich eine andere Lady (darf natürlich auch ein Dude sein – whatever floats your boat). Ich persönlich finde deutsche Unternehmerinnen wie Tijen Onaran, Verena Pausder, Franzi von Hardenberg oder Lea Sophie Cramer spannend. Viele kenne ich auch persönlich und liebe den Austausch.

Role Model klingt auch immer so groß – ich war noch nie Fangirl und werde auch wahrscheinlich nie jemanden, den ich nicht persönlich kenne, anhimmeln, aber Menschen, die mich inspirieren, finde ich sehr bereichernd. Das können Freundinnen sein oder die Ladenbesitzerin im Kiez oder wer auch immer. Inspiration is everywhere (Sorry, wollte auch mal einen cheesy Spruch raushauen …).

Such dir Mitstreiterinnen und Profis, denen du vertraust

Gut Bescheid zu wissen, was Finanzen betrifft, ist nur die halbe Miete. Die andere Hälfte besteht aus einem guten Netzwerk. Das kann dein eigener Finanzclub sein oder in meinem Fall meine Finanzexpertin Anja Jungbluth, die mir seit Jahren zur Seite steht und der ich vertraue. Und dann all meine tollen Freundinnen und Kolleginnen. Was für ein Schatz ein Netzwerk sein kann. Natürlich kannst du auch allein den Weg in den Finanzdschungel wagen, aber wenn du wie ich Gesellschaft bevorzugst, dann such dir deine Leute zusammen – es ist unfassbar bereichernd und motivierend.

Wo wird gestartet?

Check deine Vermögenswerte. Das ist der allererste Schritt. Wie ist dein finanzieller Status quo? Was sind deine Fixkosten? Welche Versicherungen willst du vielleicht zusätzlich abschließen, welche rauskicken? Der erste Rundumschlag ist die erste hohe Hürde, an die viele von uns sich nicht herantrauen. Aber ich verspreche euch: Danach wird alles einfacher.

Kredite abbezahlen und »Fuck It Fund« aufbauen
Wird der Laptop grade noch finanziert? Bin ich im Minus? Dann her mit der Strategie – wie es geht, weißt du jetzt. Was gebe ich aus, wo kann ich einsparen, wie viel kann ich sparen?

Geldziele festlegen
Willst du mit 50 in Rente? Eine Weltreise machen? Oder wie ich irgendwann eine Immobilie besitzen? Was sind deine kurzfristigen, mittelfristigen und langfristigen Geldziele im Leben? Schreib am besten mal alles auf, und dann schmiede einen Plan, wie du diese Ziele am besten erreichst. Spoiler: Lotto spielen wird nicht helfen.

Risikobereitschaft checken
Wie hoch ist deine Risikobereitschaft? Zu Beginn meiner finanziellen Emanzipation war ich null risikobereit, weil ich mich schlicht nicht genug auskannte. Heute bin ich viel mutiger, allerdings nur, weil der Großteil meiner Ersparnisse relativ sicher angelegt und breit gestreut ist. Deshalb gilt bei mir: Je sicherer meine Grundanlagen, desto mehr Risiko gehe ich in Zukunft ein – funktioniert für mich sehr gut.

Kontenstruktur aufbauen
Ob ihr es glaubt oder nicht, ich habe das Gefühl, auch nach Jahren noch nicht das wirklich optimale Kontenmodell für mich gefunden zu haben. Ich fahre total gut mit meinen verschiedenen Konten, habe aber regelmäßig das Gefühl, dass ich hier noch optimieren könnte. Die Kontenstruktur wächst mit ihren Aufgaben, könnte man sagen. Ich finde es aber auch spannend, mein Modell immer mal wieder zu che-

cken und gegebenenfalls neu auszurichten. Lasst euch also ganz entspannt auf euer erstes Kontenmodell ein, für das ihr euch entschieden habt, und dann passt ihr eben immer mal wieder an.

Investitionsstrategie

Was unsere Geldziele angeht, rechnen wir am besten von hinten nach vorn. Will ich also in meinem Fall mit fast 40 Jahren eine Eigentumswohnung kaufen, so sollte ich mich damit beschäftigen, ob es überhaupt realistisch ist, diese in einem angemessenen Rahmen abzahlen zu können. Wie teuer darf die Wohnung dann sein?

Bei unseren Geldzielen sollten wir uns fragen: Wie lange brauche ich für welches Ziel bei meinem Budget und einkalkulierten Risiko? Sind meine Ziele überhaupt realistisch?

Hier kommen die guten alten W-Fragen zum Einsatz, nämlich:

- **Wie finde ich den richtigen Investmentmix für meine Wünsche, Budget und Zeitrahmen? Wer kann mich gegebenenfalls beraten?**
- **Wie wähle ich meine Aktien/ETFs etc. aus? Was ist mir wichtig?**
- **Wie finde ich die bestmögliche Absicherung für mich? Wann bin ich unter- oder überversichert?**
- **Was passiert, wenn ich meine Spar-/Investmentziele erreicht habe?**

Schnapp dir die Machete!

Gratuliere, du hast dir hiermit das nötige Wissen für deine Finanzdschungelexpedition angeeignet. Auf unserem Weg werden uns immer wieder erstaunliche, riskante oder kuriose Dinge begegnen, die wir stets neugierig betrachten werden. Je weiter wir vordringen, desto sicherer werden wir. Mit diesem Buch hast du nun eine kleine Machete, um dir die ersten Pfade freizulegen. Viel Spaß!

DAS VERSTÄNDLICHSTE FINANZGLOSSAR DER WELT

Ja, viele Bücher haben ein Glossar. Aber kennt ihr nicht auch das Gefühl, wenn man ein Sach- oder Fachbuch liest, sich ein neues Thema aneignen will und dann die ganzen Begriffe nicht kapiert, die einem hinten im Buch eigentlich weiterhelfen sollten? Geht zumindest mir regelmäßig so, denn oft ist ein Glossar einfach nicht für Anfängerinnen ausgerichtet. Deshalb versuche ich hier so easy wie möglich, wichtige Finanzbegriffe zu erklären.

////// Aktienfonds

Ein Fonds ist immer ein Zusammenschluss von verschiedenen kleinen Teilen zu einem größeren. Sprich: Mit dem Geld, das in einen Fonds investiert wird, kauft der Fonds Aktien, wenn der Fonds auf Aktien ausgerichtet ist. Kauft man also Anteile an einem Aktienfonds, kauft man damit ganz viele kleine Stücke von Aktien. Dadurch lässt sich das Risiko besser verteilen. Welche Aktien ein Fonds kauft, ist in den Grundsätzen des Fonds geregelt und darf sich in dessen Rahmen bewegen. Diese Grundsätze kannst du jederzeit einsehen. Beispiel Pralinen: Statt nur eine Sorte Pralinen kaufe ich eine gemischte große Packung. Ich erhöhe also die Wahrscheinlichkeit, dass mir etwas aus dieser Packung ganz besonders gut schmeckt und ich nicht mein ganzes Geld in etwas investiert habe, was ich am Ende überraschend als ungenießbar empfinde.

////// Aktive Fonds

Grundsätzlich unterscheidet man aktive und passive Fonds. Bei einem aktiven Fonds entscheidet eine Fondsmanagerin (oder auch ein ganzes Team), wie der Fonds gemanagt wird. Dabei handeln die verantwortlichen Personen innerhalb der Grundsätze des Fonds und entscheiden passend dazu, wann etwas zugekauft, gekauft und wann etwas verkauft wird. Damit man ihren Erfolg oder Misserfolg nachvollziehen kann, werden sie mit einem Index (z. B. dem Deutschen DAX) verglichen. Sie orientieren sich aber, anders als passive Fonds (➲ Seite 188), nicht an dessen Kurs.

All time low

Beschreibt das schlechteste jemals da gewesene Ergebnis. Der DAX hat also ein »all time low«, wenn die Unternehmen, die im DAX gelistet sind, noch nie so schlechte Aktienkurse hatten und den DAX somit auf ein vorher noch nie da gewesenes Tief ziehen.

All time high

Das Gegenteil des »all time low«. Es wird also ausgesprochen, wenn ein Kurs noch nie so hoch war wie je zuvor.

Anlagegrenzen

Damit Fonds nicht zu 90 Prozent aus dem gleichen Investmentstück bestehen können und so das Risiko nicht ausreichend verstreut ist, gibt es Anlagegrenzen. Diese definieren die maximalen Anteile, die es von dem gleichen Wertpapier in einem Fonds geben darf. Diese liegen bei 5 Prozent (in Ausnahmefällen bei 10 Prozent). Es minimiert also das Risiko, dass wir in unserer Pralinenschachtel auf einmal das Problem haben, dass dort die eine einzige Sorte, die wir nicht mögen, extrem oft enthalten ist und so kein Platz mehr für the good stuff ist.

Anlagegrundsatz

Jeder Fonds hat Richtlinien, die im Vorfeld der Gründung festgelegt werden. Zum Beispiel kann ein Fondsmanager eines nachhaltigen Energiefonds nicht einfach entscheiden, in ein Kohlekraftwerk zu investieren, da der Kurs gerade günstig steht und er damit für den Fonds gute Gewinne erzielen könnte. Diese Richtlinien kannst du dir jederzeit ansehen. Gleichzeitig muss er immer darauf achten, dass der Fonds ausgewogen ist, und die Anlagegrenzen beachten.

Anlageklasse

Anlageklassen helfen dabei, die Übersicht zu behalten. Denn sie fassen gleichartige Anlagen in Gruppen zusammen. Anlageklassen können also zum Beispiel Aktien, Anleihen (➲ Seite 178), Rohstoffe oder auch Immobilien sein. Meistens beziehen sich Fonds auf eine dieser Anlageklassen. Bei Mischfonds sind es mindestens zwei Anlageklassen.

Anlagestrategie

Es ist nie falsch, sich vorher Gedanken darüber zu machen, wie man etwas angehen möchte. So ist das auch beim Investieren. Deshalb macht es Sinn, sich eine kleine oder auch große Strategie zu überlegen, wie man sein Geld investieren möchte. Setze ich alles auf eine Karte (z. B. eine Aktie nur einer Firma), dann kann ein Kursfall dieser Aktie bedeuten, dass ich alles verliere. Trotzdem möchte ich das Risiko vielleicht eingehen, weil mit einem hohen Mehrwert zu rechnen ist, wenn Ereignis X oder Y eintritt. Für den Fall, dass das nicht passiert, kann ich eine Art »Versicherung« in meine Strategie einbauen und gleichzeitig mit einer binären Option auf den Fall der Aktie wetten. Genau so kannst du auch die Diversifikation deines Portfolios (also was ist drin und was ist nicht drin) strategisch aufbauen, indem du zum Beispiel bei manchen Teilen mehr und bei anderen ganz bewusst weniger Risiko eingehst.

Anleihe

Hier leihst du einer Firma oder auch einem Staat Geld. Mit dem Geld wirtschaftet das Unternehmen. Apple baut zum Beispiel eine neue Fabrik, um mehr Macbooks produzieren zu können, um der hohen Nachfrage nachzukommen. Damit sie das tun können, benötigen sie Geld. Das Geld leihen sie von dir und versprechen dir im Gegenzug einen Zinssatz, den du bekommst, sobald zum Beispiel die Fabrik in Betrieb geht und Apple durch weitere Produktionskapazitäten mehr Umsatz erwirtschaftet. Der Zinssatz ist in der Regel festgelegt und liegt oft unter dem, den eine Bank nehmen würde. Du hast also eine gewisse Sicherheit, dein Geld in Anleihen zu investieren. Je sicherer, desto geringer aber auch der Zinssatz und damit auch deine Rendite.

Anleihenmarkt

Für jede Anlageklasse (➲ Seite 178) gibt es einen Markt, auf dem eine Anlagenklasse gehandelt wird. So auch einen für Anleihen. Auf dem einen kaufst du also Pralinenpackungen und auf dem anderen Blumen. Beide sind unabhängig voneinander, und du findest dort nur, was du auch suchst.

Ask

Ein Ask (»asked price«) oder zu Deutsch »Briefkurs« ist der Preis, zu dem beispielsweise Wertpapiere oder auch Edelmetalle angeboten werden.

Asset Management

Asset = Vermögen. Asset Management ist also einfach nur ein anderer Begriff für Vermögensverwaltung. Banken bieten diesen Service oft an. Auch bei spezialisierten Agenturen kannst du diesen Service finden.

Aufgeld

Mit dem Aufgeld (»Agio«) wird der Vertrieb des Fonds finanziert. Man zahlt also einen extra Betrag, wenn man zum Beispiel eine Aktie kauft. Das Agio wird auf den Kaufpreis einer Aktie aufgerechnet. Kaufst du also eine Aktie für 100 Euro und das Agio ist 4 Prozent, dann musst du 104 Euro dafür zahlen. Bei einer Anleihe (➲ Seite 178) erhält man durch das Anwenden des Aufgelds etwas weniger Anteile. Also statt 100 Prozent dann bei einem Aufgeld von 4 Prozent 96 Prozent.

////// Aufsichtsrat

Eine AG (Aktiengesellschaft) ist dazu verpflichtet, Hauptversammlungen abzuhalten, wozu alle Aktionäre eingeladen sind. In diesen Versammlungen wird ein Organ gewählt, welches dafür zuständig ist, das Unternehmen zu überwachen und zu kontrollieren. Die Mitglieder (mindestens drei) dürfen dabei nicht gleichzeitig auch Mitglieder der Geschäftsführung oder des Vorstands sein.

////// Ausgabekurs

Der Ausgabekurs ist der Kaufpreis. Also der Preis, den zu zahlst, wenn du ein Wertpapier zum ersten Mal kaufst.

////// Ausschüttende Fonds

Fonds gehen je nach ihrer Art unterschiedlich mit den Gewinnen, die sie erzielen, um. Ausschüttende Fonds zahlen dir am Ende des Fondsgeschäftsjahres deine Gewinne (minus Steuern) direkt aus. Du kannst dann also selbst entscheiden, was du mit deinen Gewinnen machen möchtest.

////// BaFin

Die BaFin ist die Bundesanstalt für Finanzdienstleistungen und ist quasi der Aufsichtsrat für Wertpapiere, Banken und Versicherungen.

////// Bardividende

Von einer Bardividende spricht man, wenn man nach einem Investment eine tatsächliche Auszahlung bekommt. Hier sind alle Gebühren und Steuern schon angezogen. Es ist also der Betrag, den du tatsächlich cash bekommst (bzw. auf deinem Konto sehen kannst).

Basisfonds

Ein international stark diversifizierter Aktienfonds (➲ Seite 176), der sich über verschiedene Firmen, aber auch Branchen verteilt.

Benchmark

Das ist der Wert, mit dem man etwas vergleicht. Zum Beispiel aktive Fonds (➲ Seite 176) mit einem Index wie dem DAX. Dadurch kann man sehen, ob sich etwas vergleichen lässt, zum Rest gut oder schlecht entwickelt, und man erhält eine bessere Einschätzung über sein Investment.

Berichtigungsaktie

Die Berichtigungsaktie (oder auch Gratisaktie, Bonusaktie oder Zusatzaktie) wird bei einer Kapitalerhöhung aus eigenen Rücklagen des Unternehmens ausgegeben, wobei sich der Börsenwert nicht verändert. Er verteilt sich jedoch anders, und die Aktien werden neu berechnet. Damit der Aktionär weiterhin den gleichen Wert an Aktien hält, bekommt er kostenlos zusätzliche Aktien.
Beispiel Pralinen: Stell dir wieder unsere Schachtel Pralinen vor. Diese werden nun geteilt, da mehr Leute etwas abhaben möchten. Du hast vorher 1 Euro zum Kaufen der Schachtel dazugegeben und dir damit eine Kugel gesichert. Da nun geteilt wird, bekommst du statt einer Kugel 4 Kugelstücke, die zusammen eine Kugel ergeben. Dein Wert bleibt also gleich. Nur deine Aufteilung ist anders.

Bitcoin

Bitcoin ist der Name einer Kryptowährung.

Brief und Briefkurs (vs. Geld/Geldkurs)

Bei einem börsennotierten Unternehmen finden wir bei Aktienkursen unterschiedliche Werte. Der Preis einer Aktie setzt sich aus dem Verhältnis zwischen Angebot und Nachfrage zusammen. Der Briefkurs zeigt auf, zu welchem Wert eine Aktionärin eine Aktie verkaufen würde. Ein Brief ist also quasi ein Verkaufsangebot.
Der Geldkurs signalisiert, wie viel eine Interessentin bereit ist zu zahlen. Den Unterschied zwischen beiden Werten nennt man Geld-Brief-Spanne oder Spread. Der Spread ist die Gewinnmarge für den Verkäufer. Für die Begriffe »Briefkurs« und »Geldkurs« werden auch oft die englischen Begriffe »Ask« und »Bid« verwendet.

Bonds

➲ siehe »Anleihe«, Seite 178

Bonität (Kreditwürdigkeit)

Als wie sicher schätzt die Bank ein, dass du einen Kredit auch zurückzahlst, wenn sie dir einen gibt? Dabei werden verschiedenste Parameter mit einbezogen. Jede Bank berechnet die Bonität ein bisschen anders.

Bonus

Ein Bonus beschreibt eine zusätzliche Zahlung. Firmen können Boni an Mitarbeiter zahlen, aber auch an Aktionäre.

Bonusaktie

➲ siehe »Berichtigungsaktie«, Seite 181

Broker (Vermittlerin)

Also die Person, die zwischen zwei Personen steht und dafür sorgt, dass sich VerkäuferIn und KäuferIn kennenlernen.

Brokerage

Die Summe, die der/die VermittlerIn für seine/ihre Arbeit bekommt.

Börse

Die Börse ist der Marktplatz, auf dem gehandelt wird. Man unterscheidet zum Beispiel die Deutsche Börse, die Börse in Tokyo oder auch die bekannte Wall Street.

Börsencrash

Fallen die Kurse, weil zum Beispiel die Anleger nicht mehr daran glauben, dass die Börse ihre Vermögenswerte weiter steigert, an einem Tag drastisch, dann spricht man von einem Zusammenbruch der Börse, also von einem Börsencrash.

Börsenhändler/Börsenmakler

Ein Börsenhändler/Börsenmakler vermittelt professionell Börsengeschäfte.

Cashflow

Man spricht hier zu Deutsch auch vom »Umsatzüberschuss«. Also von dem Geld, welches netto »flüssig« zur Verfügung steht. Dieser Betrag setzt sich steuerlich aus Gewinnvortrag, Dividendenausschüttung, Zuführung zu offenen Rücklagen und Abschreibungen auf das Anlagevermögen zusammen.

CDAX (Composite DAX)

Also der zusammengesetzte DAX (deutscher Aktienindex). Der DAX wird minütlich ermittelt und gilt als wichtige Benchmark.

Convertible Bond (Wandelanleihe)

Hier leiht man quasi, wie bei einer Anleihe (➲ Seite 178) sonst auch, Geld und bekommt dafür einen festen Zinssatz. Zusätzlich wird aber auch festgelegt, dass der Inhaber einer Wandelanleihe diese zu einem vorher festgelegten Verhältnis in Aktien umwandeln kann. Solange das nicht der Fall ist, wird die Anleihe einfach am Ende der Laufzeit zurückgezahlt. Warum man eventuell wandeln sollte? Angenommen, wir kaufen eine Anleihe von Unternehmen X für 100 Euro. Wir wissen, wir haben einen festen Zinssatz von 5 Prozent und bekommen nach einem Jahr 105 Euro zurück. Das Unternehmen nutzt das Geld und entwickelt eine neue Technologie, die auf einmal jeder haben möchte. Gleichzeitig will auch jeder ein Teil dieses Unternehmens besitzen (Aktien). Die Nachfrage steigt also. Die Aktien steigen (werden also teurer und damit mehr wert) ebenfalls. Nun kann ich entscheiden, ob ich weiterhin 105 Euro zurückmöchte oder ob ich in Aktien wandle. Da vorher festgelegt wurde, zu welchem Kurs ich wechseln darf, kann sich das finanziell sehr lohnen. Denn eventuell liegt dieser Wert unter dem aktuellen nun sehr hohen Aktienkurs. Denn mit diesem Erfolg hat niemand in dieser Form gerechnet, und ich erhalte im Zweifel deutlich mehr für meine 100 Euro als 105 Euro.

////// Defizit

Das Fehlen oder der Mangel (von Geld).

////// Depot

Dein Depot ist ein Konto bei einer Bank oder eine Plattform, auf der deine Wertpapiere verwaltet werden.

////// Depotbank

Eine Bank, die sich darauf konzentriert, Depotkonten anzubieten statt klassische Tagesgeld-/Sparkonten etc.

Derivate

Bei Derivaten handelt es sich nicht um eigenständige Finanzinstrumente, sondern sie beziehen sich auf wirkliche Finanzprodukte (z. B. Anleihen oder Aktien). Das eigentliche Finanzprodukt bildet damit den sogenannten Basiswert. Mit einem Derivat auf diesen Basiswert (z. B. eine bestimmte Aktie) spekuliert man darauf, ob der Preis dafür in Zukunft fallen oder steigen wird. Zu Derivaten gehören unter anderem Futures, Optionen und Swaps

Devisen

Devisen sind Forderungen auf Fremdwährungen.

Devisenoption

Hier spekuliert man darauf, dass die Forderungen auf Fremdwährungen sich erhöhen, da der Währungskurs sich verändert. Sehr vereinfacht: Ich schreibe zum Beispiel eine Rechnung an einen Kunden in den USA. Am Tag meiner Leistung ist der Dollar bei 1 Euro. Am Tag meiner Rechnungsstellung liegt er bei 1,20 Euro. Das Unternehmen bittet mich um einen Zahlungsaufschub von 30 Tagen. Mit dem Gedanken im Hinterkopf, dass sich der Dollar gerade sehr gut entwickelt, stimme ich zu. Am Tag, an dem ich bezahlt werde, liegt er bei 1,50 Euro. Meine Bezahlung ist also um einen signifikanten Betrag gestiegen, da ich darauf spekuliert habe, dass der Kurs weiter steigt. Hätte es mich auch andersherum schlechter treffen können? Ja. Dieses Risiko gilt es immer abzuwägen.

Direktbanken

Direktbanken, mit denen du als Endverbraucher direkt interagieren kannst. Deine Hausbank zum Beispiel.

////// Diversifikation

Alles auf eine Karte zu setzen ist immer riskant. Deshalb mixen wir unser Portfolio. Diesen Mix nennt man Diversifikation. Immer also lieber die gemischten Pralinen als einmal Mon Chéri.

////// Dividende

Das Unternehmen, von dem du Aktien gekauft hast, hat sich gut entwickelt? Toll. Dann kann es passieren, dass du eine Dividende ausgezahlt bekommst. Der Begriff ist lateinisch und heißt übersetzt »das zu Verteilende«. Ob und wie hoch diese ist, kann das Unternehmen bzw. der Vorstand und der Aufsichtsrat in der Hauptversammlung selbst entscheiden. Entweder bekommst du den Gewinn in Geld ausgezahlt oder kostenlos weitere Aktien. Hat ein Unternehmen keinen Gewinn gemacht, gibt es natürlich auch keine Dividende.

////// Dow-Jones-Index

Der Dow Jones ist der wichtigste Aktienindex an der New Yorker Börse und beinhaltet die 50 wichtigsten Unternehmen der USA. Ein weiter gefasster Index ist der S & P 500.

////// EBIT

Das bedeutet »earnings before interests and taxes«, also alles, was vor Zinsen und Steuern verdient wurde. Da Steuern sehr individuell berechnet werden, ist diese Angabe als guter Vergleich zwischen Unternehmen nutzbar und wird sehr häufig angewendet.

////// EBITA

»Earnings before interests, taxes and amortization«. Das EBIT wird hier noch um die Abschreibungen erweitert. Der Betrag ist also höher als das EBIT.

Elastizitäten
Woher weiß man, was eine gute und was eine schlechte Entwicklung eines Fonds ist? Indem man einen Blick auf die Elastizität wirft. Die Elastizität wird in positive und negative Elastizität aufgeteilt. Positiv = Aufschwungphase. Negativ = Abschwungphase. Positive Elastizität: Ein Wert größer 1 steht dafür, dass der Fonds stärker als der Markt zulegt. Ist die negative Elastizität ebenfalls größer 1, dann verliert der Fonds in Abschwungphasen mehr als der Markt. So kannst du immer gut vergleichen, wie dein Fonds gerade wirklich performt.

Emission
Gibt ein Unternehmen Wertpapiere auf den Markt, dann bezeichnet man das als Emission. Oft macht das eine Bank für das Unternehmen. Manchmal auch verschiedene Banken in einem sogenannten Konsortium.

Emissionspreis
Der Preis, den Anleger beim Ersterwerb eines Wertpapiers zahlen müssen.

Entnahmeplan
Bei einem Entnahmeplan spricht man auch von einem Auszahlungsplan. Der Anleger und die AG vereinbaren dabei eine regelmäßige Auszahlung aus dem Investmentguthaben. AnlegerInnen können sich entweder nur erwirtschaftete Erträge auszahlen lassen (= Auszahlung ohne Kapitalverzehr) oder auch das Investmentvermögen Stück für Stück zurückbekommen (Auszahlung mit Kapitalverzehr).

ETF (Exchange Traded Fund)
Das Trendwort im Finanzbereich 2021 – ETFs. Aber was sind ETFs eigentlich? Erinnerst du dich noch daran, was aktive Fonds (➲ Seite 176) sind? Also Fonds, die durch eine/n ManagerIn ge-

managt werden? Bei ETFs handelt es sich ebenfalls um Fonds. Allerdings gibt es hier keine Personen, die aktiv Wertpapiere einkaufen und verkaufen. Ein ETF ist damit ein passiv gemanagter Fonds. Er orientiert sich immer an einem Index. Das kann zum Beispiel der Deutsche Dax sein, aber auch der Dow Jones oder wie sehr häufig der MSCI World. Dabei müssen in einem ETF nicht alle Unternehmen, die diesem Index angehören, vertreten sein. Es gibt also unter dem MSCI World sowohl nachhaltige als auch nicht nachhaltige ETFs.

Als Nächstes unterscheidet man zwischen physischen und synthetischen ETFs. Der Aufbau unterscheidet sich hier deutlich.

Physischer ETF: Hier wird der Index 1 zu 1 abgedeckt. Es können nur Aktien von Unternehmen inbegriffen sein, die sich auch wirklich in diesem Index befinden. Sie werden zusätzlich auch noch proportional in den ETF aufgenommen. Ist ein Unternehmen also deutlich wichtiger für einen Index, gibt es in einem physischen ETF auch tendenziell mehr Aktien dieses Unternehmens.

Synthetischer ETF: Synthetisch = künstlich. Und genau das ist es auch, was hier gemacht wird. Es werden zur Auswahl aus einem Index Unternehmen zugefügt, die kein Teil dieses Index sind. In diesem Bereich wird mit Swaps gearbeitet. Ich möchte das hier nicht weiter vertiefen. Wichtig ist jedoch, dass man mit synthetischen ETFs vor allem in exotischen oder schwer zugänglichen Märkten investieren kann, die eventuell nicht so starke und liquide Unternehmen beinhalten. Mit physischen ETFs geht das nicht. Hier geht es vor allem um Unternehmen, die sehr liquide sind.

Ethikfonds

Du möchtest dein Geld in etwas Positives investieren? Dann können nachhaltige oder auch ethisch orientierte Fonds das richtige Finanzinstrument für dich sein. Lies dazu am besten ab Seite 145, wie du hier genau vorgehen kannst.

EUREX

Früher gab es die Terminbörse, heute die EUREX (European Exchange). Hier werden Termingeschäfte durchgeführt. Bei Termingeschäften werden zu einem vorher festgelegten Zeitpunkt Waren und/oder Wertpapiere gehandelt. Ein Termingeschäft sind zum Beispiel sogenannte »Futures«.

Euro Bond

Schuldverschreibungen, die in Euro ausgezahlt werden. Egal, aus welchem Land sie kommen.

Euro STOXX 50

Wie der DAX für Europa. Hier sind die wichtigsten 50 Unternehmen in Europa enthalten.

Fälligkeit

Der Tag, an dem etwas seinen Erfüllungszeitraum erreicht hat. Eine Rechnung ist zum Beispiel an dem Tag fällig, an dem die Zahlungsfrist, die vorher festgelegt wurde, abgelaufen ist.

Festgeld

Hier wird ein fester Betrag über einen fest definierten Zeitraum angelegt. Die Zinsen bleiben dabei stabil. Das Risiko ist hier sehr gering, da die Bank im Fall einer Insolvenz Festgeldkonten durch den Staat bis zu 100.000 Euro abgesichert hat.

Freistellungsauftrag

Prinzipiell musst du deine Gewinne aus Investitionen komplett versteuern. Jeder Sparer hat jedoch jährlich die Möglichkeit, einen Freistellungsauftrag auf seine Gewinne zu stellen und so den Freibetrag zu beantragen, der einem gesetzlich zusteht. Wo du das machst? Bei deiner Bank.

Finanzkrise

Von einer Finanzkrise spricht man, wenn durch die Verschlechterung der Finanzmärkte realpolitische Schäden entstehen. Das heißt, wenn zum Beispiel viele Unternehmen sich finanziell übernehmen, also zu viele Schulden aufnehmen und diese gleichzeitig nicht zurückzahlen können, dann verlieren die Anleger das Vertrauen und ziehen ihr Geld zurück und auch die Banken verweigern zusätzliche Kredite. Die Unternehmen werden zahlungsunfähig, und es kommt zu Insolvenzen oder zumindest zu starkem Stellenabbau von wichtigen Unternehmen. Das spüren wir auf der anderen Seite, weil die Kaufkraft nach unten geht, da viele Menschen zur gleichen Zeit arbeitslos werden. Geht die Kaufkraft nach unten, müssen die Preise nach unten gehen (erinnere dich an die Marktverhältnisse), damit der Markt sich wieder einpendeln kann. Gehen aber die Preise nach unten, machen Unternehmen weniger Gewinn. Damit können sie weniger investieren und Krisen schlechter übersetzen. Infolgedessen gehen weitere Unternehmen insolvent oder müssen Stellen abbauen. Eine finanzielle Krise zieht also oft auch viele Unternehmen mit rein, die im Vorfeld nicht direkt betroffen waren. Hier kann der Staat einspringen, indem er »billiges Geld« verteilt. Unternehmen können so mit weniger Risiko Kredite aufnehmen, die sie davor schützen, insolvent zu gehen oder Stellen abzubauen. Verteilt der Staat also Gelder in Krisensituationen an Unternehmen wie die Lufthansa zum Beispiel, dann macht er das nicht, weil er die Lufthansa so liebt, sondern weil ein Zusammenbruch eines für Deutschland so wichtigen Unternehmens gravierende Folgen für unsere gesamte Wirtschaft mit sich ziehen würde. Genau so verhält es sich, wenn der Staat Gelder an Banken wie die Deutsche Bank zahlt. Ob es danach andere Regelungen für die Verwendung von Geldern (z. B. keine Auszahlungen von Millionen-Boni für Banker) geben müsste, die eventuell auch an die Auszahlungen gebunden sind, ist eine andere Diskussion.

Fonds

Hier findest du ab Seite 87 eine ausführliche Definition.

Fondsanteil

Einen Fonds erwirbst du als Privatperson nie komplett. Du erwirbst immer nur einen Anteil. Diesen Anteil nennt man Fondsanteil. Je nach investierter Summe unterscheidet sich dieser in seiner Höhe.

Fondsgeschäftsjahr

Für uns ist klar, ein Jahr geht vom 1.1. bis 31.12. Unternehmen können ihr Geschäftsjahr jedoch selbst festlegen. Und so ist es auch für Fonds. Unabhängig der Geschäftsjahre der Unternehmen, die sich im Fonds befinden.

Fondsgesellschaft

Hier spricht man auch oft von einer Kapitalverwaltungsgesellschaft. Eine Fondsgesellschaft verwaltet die Gelder der Anleger und unterliegt der Aufsicht durch die BaFin. Wichtig: Sie verwaltet zwar die Gelder, die liegen aber bei der Depotbank.

Fondsmanagement

Bei aktiven Fonds (➲ Seite 176) werden diese durch ManagerInnen verwaltet. Diese ManagerInnen nennt man FondsmanagerInnen.

Fondspicking

Die Auswahl eines Fonds, nachdem man sich seine Performance über einen vorherigen Zeitraum angesehen hat.

Fondsvermögen

Die Summe aller sich im Fonds befindenden Vermögenswerte.

Garantiefonds

Wenn man beim Investieren auf Nummer sicher gehen möchte, dann kann man einen Garantiefonds abschließen. Hierbei wird garantiert, dass man, sollte der Fonds sich nicht wie gewünscht positiv entwickeln, sein Investment oder zumindest einen festgelegten Prozentsatz davon zurückbekommt. Quasi wie eine Versicherung auf seine Investition. Wir wissen aber: Versicherungen sind nie gratis. Entscheidet man sich für einen Garantiefonds, entscheidet man sich auch immer dafür, nicht voll am Gewinn des Fonds beteiligt zu sein. Man kann also insgesamt mit weniger Geld rechnen, wenn der Fonds sich sehr gut entwickelt, als hätte man ohne Garantie investiert.

Gebühren

Alles kostet Geld. Sogar jemandem sein Geld für ein Investment geben zu dürfen. Denn bei jedem Aktienkauf oder Verkauf (gilt auch für alle anderen Investmentmöglichkeiten) zahlt man Gebühren. Vor einem Investment ist es also unabdingbar, sich mit den Gebühren von Depotbank und Co. auseinanderzusetzen und zu prüfen, ob man daran glaubt, dass die Investitionsmöglichkeit sich nicht nur positiv entwickelt, sondern es auch nach Abzug aller Gebühren und Steuern noch ein lohnendes Geschäft ist.

Geld

Nun denken wir direkt an unsere Währung. An der Börse hat der Begriff »Geld« jedoch noch einmal eine andere Bedeutung. Besteht eine hohe Nachfrage nach zum Beispiel Aktien an einem Unternehmen, kann diese nicht immer auch befriedigt werden. Denn es gibt ja nur eine vorher fest definierte Anzahl an Aktien. Trotzdem kommt es hier teilweise zu Umsatz. Es wird also Geld bezahlt (aber keine Aktien ausgegeben). Damit der Investor aber trotzdem etwas für sein Investment als Gegenwert hat, wird der Kauf mit dem Zusatz bG (bezahlt Geld) gekennzeichnet. Das Gegenteil zu Geld ist Brief (➲ Seite 182).

Gemischte Fonds

Die meisten Fonds bestehen aus einer Assetklasse. Also zum Beispiel nur aus Aktien, nur aus Immobilien oder nur aus Anleihen (➲ Seite 178). Bei gemischten Fonds wird gleichzeitig in verschiedene Assets (Anlageklassen, Seite 178) investiert. Der Fonds beinhaltet somit also beispielsweise sowohl Aktien als auch Anleihen.

Gewinnwachstum

Die Aktie, die du hältst, macht von Jahr zu Jahr mehr Gewinn? Perfekt. Dann spricht man von Gewinnwachstum. Beschrieben wird dabei der Betrag, um den sich dein Investment steigert. Natürlich nicht nur Aktien, sondern alle Investments, die du tätigst.

Girokonto

Sehr wahrscheinlich hast du eines. Nur, was bedeutet es eigentlich, ein Girokonto zu besitzen? Bei einem Girokonto werden täglich Transaktionen durchgeführt. Es handelt sich um ein sogenanntes Kreislauf- oder auch Sichtkonto. Auch Zahlungskonto beschreibt es sehr gut. Denn es ermöglicht dir den Umgang mit deinem dort hinterlegten Geld.

Hebeleffekt

Erinnerst du dich, dass man zum Beispiel bei binären Optionen auf einen Kurs spekuliert? Du entscheidest dich also vor deinem Investment dafür, dass du glaubst, dass der Kurs nach oben oder unten geht. Woher weißt du nun aber, was du erwarten kannst? Gehst du diese Wette ein? Der Hebel, der vorher festgelegt wird und den du vor deinem Investment einsehen kannst, gibt dir hierüber Auskunft.

Liegt der Hebel bei 2, bedeutet das, dass deine Option 2-mal so stark auf Kursschwankungen reagiert wie der Basiswert (in unserem Beispiel die Aktie, auf deren Kursverlauf du spekulierst). Steigt die Aktie also um 5 Euro, bekommst du 10 Euro, wenn du auf »Steigen« gesetzt hast. Verliert sie 5 Euro und du hast auf Steigen gesetzt, dann verlierst du 10. Denn der Hebeleffekt gilt immer für beide Seiten. Vor dem Investment in eine Option legst du immer auch einen Zeitraum fest. Was dazwischen passiert, ist egal. Es wird nur der Zeitraum bewertet, zu dem deine Option abgeschlossen ist. Ist deine Option also auf 3 Tage angesetzt, dann kann der Kurs an Tag 1 und 2 drastisch fallen und dein Investment ist nicht davon betroffen. Ist der Kurs an Tag 3 höher als zum Zeitpunkt deines Investments, hast du gewonnen und deine Option wird auf den zu diesem Zeitpunkt geltenden Kurs berechnet.

////// Hedgefonds

Hedgefonds oder auch hedge funds sind Investmentfonds, die anders als gewöhnliche Fonds auch mit Möglichkeiten wie Leerverkäufen (➲ Seite 200) arbeiten dürfen. Hedgefonds verfügen aber über eine besondere Vielfalt an Anlagegegenständen und Anlagestrategien. Sie sind auf absoluten Return of Investment ausgelegt. Sie wollen also für das investierte Geld den maximalen Gewinn erzielen und sind dabei bereit, sehr hohe Risiken einzugehen. Deshalb hört man auch besonders oft von dieser Art von Fonds. Denn ihre Geschäfte sind hochspekulativ. Und wer hoch fliegen möchte, kann natürlich auch besonders tief fallen. Manchmal auch ohne Fallschirm.

////// Hochzinsanleihen

Bei Anleihen (➲ Seite 178) gestaltet sich der Zins nach dem Risiko der Anleihe. Kaufst du also eine Anleihe eines sehr soliden Unternehmens oder Staates, dann kannst du zwar sehr sicher davon ausgehen, dass du dein Geld zurückbekommst, der gezahlte Zinssatz wird aber auch eher gering ausfallen, denn es gibt viele interessierte Investoren. Das Risiko einer Anleihe bestimmt das Rating durch sogenannte Ratingagenturen (➲ Seite 206). Das Rating von Deutschland beträgt aktuell AAA und ist damit das bestmögliche Ergebnis. Andere Länder können aber auch ein Rating von zum Beispiel BB haben. Auch hier kannst du dein Geld in Form einer Anleihe zur Verfügung stellen. Die Möglichkeit, dass dieses Land (gilt auch für Unternehmen) deine Anleihe eventuell nicht zurückzahlen kann, ist deutlich höher. Damit du aber trotzdem investierst, bieten sie dir einen höheren Zinssatz auf dein Investment an. Je geringer also die Bewertung eines Unternehmens oder eines Staates, umso höher auch der Zins auf deine Anleihe.

Hochzinspolitik

Genauso wie die Zentralbank manchmal »billiges Geld« zur Verfügung stellt, um Unternehmen mehr liquide Mittel, also mehr Flexibilität, zu geben, kann die Zentralbank sich auch dafür entscheiden, Geld deutlich teurer zu machen, und eine Hochzinspolitikstrategie vertreten. Warum macht sie das? Wenn Geld zu günstig ist, wird zwar viel investiert, aber auch viele Unternehmen mit schlechter Bonität (gilt auch für Privatpersonen) können leicht Geld aufnehmen. Das Ausfallrisiko dieser Kredite, also der Fall, dass sie nicht zurückgezahlt werden können, steigt dadurch. Eine Bank oder auch eine Volkswirtschaft kann aber nur einen gewissen Anteil an Kreditausfällen verkraften. Danach gerät sie in starke finanzielle Probleme, und wir geraten wieder in eine Finanzkrise. Die Aufgabe der Zentralbanken ist es also, die Geldsumme, die zur Verfügung steht, immer so zu balancieren, dass sie ausgeglichen ist und sowohl ausreichend Geld zum Investieren zur Verfügung steht, aber gleichzeitig auch nicht zu viel, dass schlechte Kredite abgeschlossen werden.
Wenn du das spannend findest, dann lies dich gern mal in die letzte Immobilienkrise ein. Denn da ist genau das passiert. Geld war vor

allem in den USA so günstig, dass einfach jeder, der irgendwie konnte, ein Haus gebaut oder gekauft hat. Leider auch viele, die die Kredite nicht zurückzahlen konnten. Der Anteil an schlechten Krediten und Ausfällen hat die Grenze, die der Markt vertragen konnte, überstiegen, und die Blase ist geplatzt. Viele Menschen haben dabei nicht nur ihre Häuser aufgeben müssen, sondern waren anschließend auch sehr stark verschuldet. Da dabei auch immer andere Branchen in eine starke Krise involviert werden, kam es im Anschluss zu einer riesigen Entlassungswelle. Menschen verloren also nicht nur ihre Häuser, sondern gleichzeitig auch ihre Jobs. Die Anzahl der Obdachlosen in den USA ist daraufhin rasant in die Höhe geschnellt. Aber auch hier in Europa haben wir die Auswirkungen stark gespürt. Geld darf also nicht langfristig billig sein, sondern muss auch wieder teurer werden, wenn wir unsere Finanzwelt vor Blasen schützen möchten.

Immobilienfonds

Ein Fonds, der sich auf Immobilien bezieht.

Index

Ein Index beschreibt eine Kennziffer, mit der man eine Größe darstellen kann. Zum Beispiel befinden sich im DAX 40 Unternehmen. Nicht alle entwickeln sich gleich, und nicht alle sind gleich groß. Um einen Index zu berechnen, setzt man nun diese Werte zueinander in Relation. Dazu rechnet man aus, wie wichtig jedes Unternehmen ist und wie viele Anteile der Kursverlauf des eigenen Unternehmens gegenüber den anderen hat. Also wie viele Prozent von 100 Prozent gehören welchem Unternehmen und wie verhalten sich dann diese Prozent?

Unternehmen A ist riesig und macht mit seinem Volumen 20 Prozent der 100 Prozent des DAX aus. Unternehmen B ist das kleinste aller 40 und hat nur 2 Prozent. Wenn Unternehmen A Probleme hat, dann verändert sich der Index zu 20 Prozent. Genauso, wenn es ihm besonders gut geht. Passiert das Gleiche bei Unternehmen B, dann wird die Veränderung nur mit 2 Prozent gewichtet.

Indexfonds

➲ siehe ETF, Seite 187

Inhaberaktie

Es gibt Aktien, die mit einem Namen versehen sind und bei deren Transfer der Name geändert werden muss. Bei einer Inhaberaktie ist das nicht der Fall. Hier gehört der Person die Aktie, die im Besitz des Aktienbriefs ist. Warum das so ist? Denke daran, dass es auch eine Zeit vor dem elektronischen Handeln gab. Früher wurden Aktien tatsächlich auf Papier ausgegeben. Man konnte Aktien also wie Geld von jemandem stehlen. Heute ist das natürlich nicht mehr so einfach.

Insidergeschäfte/Insider Trading

Du weißt heute schon durch eine interne Quelle, dass Unternehmen A morgen ein bahnbrechendes Produkt präsentiert, und investierst noch schnell? Dann kann das unter Insiderhandel fallen. Denn es ist verboten, sich einen unfairen Vorteil zu verschaffen und dadurch besonders hohe Gewinne zu erzielen.

Insolvenz

Wenn ein Unternehmen nicht mehr zahlungsfähig ist, dann muss es einen Insolvenzantrag stellen. In diesem Fall kommt ein Insolvenzverwalter und prüft, wie dem Unternehmen noch geholfen werden kann, und kümmert sich ansonsten um die Abwicklung des Unternehmens. Alle Werte, die das Unternehmen besitzt, gehen dann in die sogenannte Insolvenzmasse. Damit wird versucht, die Forderungen der Gläubiger, also der Menschen, die darauf warten, von der Firma bezahlt zu werden, so gut es geht zu begleichen.

////// Institutionelle Anleger

Neben uns Privatanlegern legen auch Firmen Gelder an. Wenn zum Beispiel Versicherungen und Rentenfonds oder auch Banken Gelder anlegen, dann nennt man diese Anlegergruppe institutionelle Anleger.

////// IPO (Initial Public Offering)

Wenn ein Unternehmen erstmalig an die Börse geht, dann spricht man von einem IPO.

////// ISIN

Deine Freundin erzählt dir von einem super ETF, in den du investieren solltest, und du willst ihn gern zwischen den Tausenden von ETFs finden? Dann nutzt du dafür die ISIN. Jedes Wertpapier ist mit einer ISIN-Nummer gekennzeichnet und setzt sich aus einem zweistelligen Ländercode (z. B. DE für Deutschland) und einer zehnstelligen Nummer zusammen.

////// Joint Venture

Wenn sich zwei Unternehmen dazu entscheiden, in einzelnen Geschäftsbereichen vertraglich geregelt zusammenzuarbeiten, dann spricht man dabei von einem Joint Venture. Das war zum Beispiel beim Impfstoff von BionTech und Pfizer der Fall. Durch die Zusammenarbeit konnten Ressourcen besser genutzt und in diesem Fall der Impfstoff schneller und besser entwickelt werden.

////// Juristische Person

Man unterscheidet natürliche Personen und juristische Personen. Wir alle sind natürliche Personen. Gründe ich aber ein Unternehmen (z. B. eine UG, GmbH oder AG), dann ist mein Unternehmen eine juristische Person und kann damit verklagt werden. Auch wenn ich die Inhaberin und Geschäftsführerin dieser GmbH bin, bin ich in diesem Fall nicht persönlich angeklagt. Dies ist bei einem Einzelunternehmen nicht der Fall. Hier bin ich unmittelbar betroffen.

Kapitalertragsteuer

Eine Form der Einkommenssteuer, die du auf deine Kapitalerträge, also auf deine Gewinne deiner Investitionen (z. B. aus Aktien, aber auch auf deine Anteile an einer GmbH) zahlen musst. Aktuell liegt diese bei 25 Prozent. Die Steuer wird vor Auszahlung bereits einbehalten, und du kannst sie mit deiner Einkommenssteuer verrechnen lassen. Möchtest du das nicht, kannst du beim Finanzamt eine Nichtveranlagungsbescheinigung beantragen, die du dann bei deiner Bank einreichen musst.

Kapitalmarkt

Der Markt für langfristiges Kapital.

Kurs

Ein Wertpapier steigt und fällt in seinem Wert. Es gibt viele Parameter, die darauf Einfluss nehmen. Damit man dieses Steigen und Fallen nachvollziehen kann, wird dies über viele kleine Datenpunkte festgehalten. Verbindet man diese Datenlinie nun mit einem Strich, dann entsteht daraus eine oft sehr wellige Kurve mit Aufs und Abs. Diesen Datenverlauf nennt man Kurs.

KGV (Kurs-Gewinn-Verhältnis)

Hast du schon einmal gehört, dass eine Aktie (oder ein anderes Wertpapier) unter- oder überbewertet ist? Dann liegt das daran, dass das KGV (Kurs-Gewinn-Verhältnis) nicht ausgeglichen ist.
Das KGV berechnet man folgendermaßen: Der zu erwartende und bereinigte Gewinn eines Unternehmens wird durch die Anzahl der ausgegebenen Aktien geteilt. Damit kennt man den Gewinn pro Aktie. Nun schaut man sich den aktuellen Kurs an und teilt den Kurs-

wert durch den Gewinn pro Aktie. Ist das KGV im Vergleich zum Branchenindex oder zu Vergangenheitszahlen sehr niedrig, dann ist das Wertpapier unterbewertet. Ist es sehr hoch, dann ist es überbewertet. Unterschiedliche Branchen haben unterschiedliche Durchschnitte. Deshalb solltest du immer genau darauf achten, mit was du den KGV deines Wertpapiers vergleichst. Zusätzlich basieren sie auf Gewinnprognosen, wobei hier die Betonung auf Prognosen liegt.

////// KUV (Kurs-Umsatz-Verhältnis)

Genau wie beim Kurs-Gewinn-Verhältnis (KGV) kannst du auch hier eine Kennzahl für dich errechnen, die dir die Möglichkeit gibt, einen Vergleich anzustellen. Hierfür nimmst du den aktuellen Umsatz eines Unternehmens und teilst ihn durch den aktuellen Kurs eines Wertpapiers (z. B. einer Aktie). Dieser Wert gibt dir eine Auskunft über das Preisniveau einer Aktie.

////// Länderfonds

Fonds, die ausschließlich in einem bestimmten Land investieren.

////// Laufzeitfonds

Fonds, die an eine bestimmte Laufzeit gebunden sind.

////// Leerverkauf

Bei einem Leerverkauf wird etwas verkauft, was sich eigentlich nicht im Besitz der Person befindet, die gerade verkauft. Warum tut man das? Weil man darauf spekuliert, dass man es jetzt zu einem höheren Preis verkaufen kann, als man es später einkaufen kann.
Stell dir vor, ich erzähle dir von einer großartigen Prada-Tasche (love), und ich biete dir an, dir die Tasche für einen guten Preis zu verkaufen. Weil du mir vertraust, kaufst du mir die Tasche ab, ohne sie je gesehen zu haben. In dem Moment, in dem ich dir die Tasche

verkaufe, besitze ich die Tasche jedoch gar nicht. Ich weiß aber, dass meine Freundin Babo diese Tasche besitzt und sie mir die Tasche auch schon einmal zu einem günstigeren Preis angeboten hat. Ich verkaufe nun also die Tasche mit dem Gedanken, die Tasche bei meiner Freundin im Nachgang einzukaufen und durch den Unterschied einen kleinen Gewinn zu machen. Das nennt man dann Differenzgeschäft. Aus einem Leerverkauf entsteht eine sogenannte Short-Position (➲ Seite 208). Dann rufe ich meine Freundin Babo an und biete ihr an, die Tasche zu kaufen. Nun gibt es verschiedene Möglichkeiten:

A: Sie verkauft mir die Tasche zum vorher angegebenen Preis. Mein Plan geht also auf. Ich erfülle den Kaufvertrag und mache durch die Differenz einen kleinen Gewinn.

B: Sie verkauft mir die Tasche und gibt mir zusätzlich noch einen kleinen Rabatt, weil sie mir eine Freude machen will. Sie weiß ja nicht, dass ich die Tasche schon weiterverkauft habe. Damit kann ich meinen Kaufvertrag erfüllen und mache durch eine höhere Differenz auch einen höheren Gewinn.

C: Ich erzähle ihr von meinem Geschäft, und wir machen freundschaftlich halbe-halbe (kommt an Börsenmärkten eher selten vor).

D: Sie riecht den Braten und fragt mich, weshalb ich die Tasche denn nun doch haben möchte, und korrigiert ihren vorher angegebenen Preis nach oben. Solange der Preis unterhalb meines Verkaufspreises liegt, schlage ich zu. Denn ich mache ja nach wie vor Gewinn oder gehe im schlimmsten Fall mit null raus. Liegt er darüber, fange ich nicht nur an zu schwitzen, ich versuche auch, an Alternativen zu arbeiten. Ich versuche also, die Tasche von einer anderen Person zu kaufen. Nun handelt es sich bei dieser Tasche aber um eine sehr seltene Tasche. Ich kann die Tasche also nicht einfach von einer anderen Person kaufen. Kann ich Babo also nicht davon überzeugen, mir die Tasche unter meinem Verkaufspreis zu geben, mache ich Verluste. Ich kann den Kaufvertrag aber

zumindest erfüllen. Zumindest dann, wenn ich mir die Tasche auch zu dem neuen Preis irgendwie leisten kann. Ansonsten platzt der Deal, und ich bekomme Probleme mit meinem Käufer. Denn das Geld habe ich bereits in neue nice Sneaker investiert. Ich komme also durch den Ausfall in finanzielle Not.
E: Ich rufe Babo an, und eine Minute vorher hat sie die Tasche an eine andere Person verkauft. Ich habe also eine Tasche verkauft, die es so auf dem Markt aktuell nicht mehr gibt. Nun bringt mich das Ganze wie bei Option D in ernsthafte Schwierigkeiten, *oder* ich eröffne eine neue Verhandlung mit der Person, die die Tasche von meiner Freundin abgekauft hat. Und die Optionen beginnen wieder von vorn und werden durch die Option F ergänzt.
F: Die Person, von der ich kaufen möchte, möchte oder kann nicht verkaufen. Das kann unterschiedlichste Gründe haben. Sie liebt die Tasche selbst zu sehr, die Tasche ist beschädigt, oder sie hat selbst einen Leerverkauf mit dieser Tasche getätigt.
Wie auch immer die Szenarien sich zusammensetzen, du siehst, Leerverkäufe sind unglaublich riskant und können schnell dazu führen, dass sie nicht erfüllt werden können. Deshalb sind sie in vielen Finanzinstrumenten verboten. Kommt es zu vielen Ausfällen bei Leerverkäufen, also zu zu vielen Deals, die platzen, hat unsere Finanzwelt wieder ein Problem.

////// Leitzinsen

Unter Hochzinspolitik (➲ Seite 195) bin ich schon einmal darauf eingegangen, dass die Zentralbanken Zinsen verändern, um Märkte zu regulieren. Der Leitzins ist nun genau dieser Zinssatz, der vorgibt, wie der Markt sich mehrheitlich ausrichtet und wie teuer oder billig Geld aktuell ist.

Liquidität

Die Beträge, die aktiv zur Verfügung stehen, um sie frei nutzen zu können. Besitze ich zum Beispiel eine teure Maschine, dann hat diese auch einen hohen Wert und zählt in mein Vermögen. Möchte ich nun aber etwas anderes kaufen und habe das Geld (liquide Mittel) nicht zusätzlich, dann muss ich im Zweifel die Maschine erst verkaufen (im Volksmund »erst wieder flüssig werden«), bevor ich mir etwas Neues kaufen kann. In diesem Moment spricht man deshalb auch vom Liquidieren eines Anlagevermögens. Das Geld, das dabei als Verkaufspreis herauskommt, sind meine neuen liquiden Mittel, und der Überbegriff ist Liquidität.

Marktkapitalisierung

Möchte man die Marktkapitalisierung eines Unternehmens kennen, also den Wert, den ein Unternehmen hat, dann nimmt man den aktuellen Kurs und multipliziert ihn mit der Anzahl aller ausgegebenen Aktien.

Mindestanlagesumme

Nicht in alle Finanzinstrumente kann man mit jedem beliebigen Betrag investieren. Manche setzen eine Mindestanlagesumme voraus. So kann eine Fondsmanagerin zum Beispiel sagen, dass nur Investorinnen in den Fonds investieren können, die mindestens 100.000 Euro einlegen. Ein gutes Beispiel hierfür ist auch Kunst. Denn nur, wer den Wert des Kunstwerkes aufbringen kann, kann die Kunst auch erwerben. Es besteht also eine natürliche Mindestanlagesumme. Zumindest war dies vor NFTs, bei denen man auch teilweise nur kleine Teile kaufen kann, oder bei neuen Investitionsmöglichkeiten, die es einem erlauben, gemeinsam mit Kunst und anderen Sammlerstücken zu investieren, der Fall.

////// Nasdaq

Nasdaq steht für National Association of Securities Dealers Automated Quotation System (zu Deutsch: automatisiertes Kursnotierungssystem des nationalen Verbandes der Wertpapierhändler) und ermöglicht den computerisierten Freihandelsverkehr der USA. Am Nasdaq werden besonders viele junge technologiebasierte Unternehmen (Start-ups) gehandelt. Diese sind oft noch stark im Kurs schwankend und damit natürlich auch ein deutlich höheres Risiko-Investment für InvestorInnen.

////// Nennbetrag

Der Nennbetrag (Nennwert/Nominalwert) ist auf jedem Wertpapier abgedruckt (solltest du es physisch erhalten). Handelt es sich um eine Aktie, ist der Nennwert ein Teilbetrag des Grundkapitals.

////// Notenbank

Eine Notenbank oder auch Zentralbank reguliert nicht nur über Leitzinsen, sondern entscheidet auch darüber, wie viel Bargeld sich im Umlauf befindet. Lies doch hier noch einmal unter Hochzinspolitik (➲ Seite 195) weiter.

////// Offshorefonds

Es gibt Länder, die deutlich weniger oder auch gar nicht regulieren, was dort an den Märkten gehandelt wird. Um diesen Regularien zu entgehen oder auch um Steuern zu sparen, gründen einige FondsmangerInnen sogenannte Offshorefonds. Diese befinden sich dann meistens in Ländern wie Liechtenstein, den Bermudas, den Niederländischen Antillen oder den British Virgin Islands. Hier wird oft Geld investiert, das in anderen Ländern nicht mehr investiert werden sollte. Auch Offshorekonten sind oft dafür gemacht, Gelder verschwinden zu lassen. Ein bisschen wie in Filmen, in denen Menschen mit mehreren Millionen verschwinden.

Option

Schau doch mal hier im Buch ab Seite 87: »In was kann ich investieren?« Hier findest du einen ganzen Bereich dazu.

Pari

Pari bedeutet gleich/ausgeglichen. Ist der Kurswert genauso hoch wie der Nennwert, ist die Aktie ausgeglichen. Diesen Zustand nennt man auch Parikurs. Ist der Kurs unter Pari, ist der Kurs höher als der Nennwert; ist der Kurs über Pari, dann liegt der Kurs unter dem Nennwert.

Passive Fonds

➲ siehe ETFs, Seite 187

Performance

Die Performance beschreibt die Wertentwicklung eines Wertpapiers oder den Zuwachs des Vermögens einer Investmentgesellschaft. Die Performance eines Fondsmanagements kann zum Beispiel darüber aussagen, wie erfolgreich bisher investiert wurde und ob es ratsam ist, diesem Team zu vertrauen 😊.

Portfolio

Dein Portfolio ist der Gesamtbetrag aller Wertpapiere, die du besitzt. Also dein persönlicher Mix aus Investitionen in zum Beispiel Aktien, Anleihen, Rohstoffe, Krypto etc.

Publikumsfonds

Wenn du als Privatperson in einen Fonds investieren möchtest, dann musst du dies in einem Publikumsfonds tun. Der Fonds ist darauf ausgelegt, dass jeder (auch in sehr kleinen Anteilen) investieren kann. Bei anderen Fonds können beispielweise nur institutionelle Investoren (z. B. Versicherungen) investieren.

////// Put/Call

Unter einem Put versteht man eine Verkaufsoption. Das Gegenteil eines Puts ist ein Call, bei dem es sich um eine Kaufoption handelt. Gemeinsam bilden Put und Call die beiden Möglichkeiten von Optionen.

Erinnerst du dich noch, wie binäre Optionen funktionieren? Richtig. Man spekuliert auf steigende oder fallende Kurse. Ein Call wird wertvoller, wenn der Kurs steigt. Ein Put wird wertvoller, wenn der Kurs fällt.

Put: Ein Put auf zum Beispiel eine Aktie räumt dem Inhaber des Puts das Recht ein, die Aktie zum Wert von 250 Euro zu verkaufen. Er sollte dies tun, wenn der Kurs/Wert der Aktie unter 250 Euro sinkt. Damit erzielt er durch die Differenz einen Gewinn.

Call: Bei einem Call handelt es sich um die genau umgekehrte Herangehensweise. Man hat also durch den Call zum Beispiel die Option, eine Aktie zu einem Preis von 250 Euro zu kaufen. Steigt der Wert dieser Aktie nun auf 300 Euro, dann sollte man diesen Call nutzen und zuschlagen. Denn man erhält die Aktie unter dem Marktwert und kann sie direkt wieder zum Marktwert verkaufen. Die Differenz ist dann der Gewinn.

Wichtig: Put und Call sind immer nur Möglichkeiten/Optionen. Sie müssen nicht angewendet werden. Natürlich fällt aber für die Option eine Gebühr an. Nutze ich meinen Put oder Call also nicht, zahle ich trotzdem die Optionsgebühr.

////// Rating/Ratingagenturen

Woher weiß man, welchen Unternehmen man mit welchem Zinssatz über eine Anleihe (➲ Seite 178) Geld leihen kann und wie sicher es ist, dass man dieses auch zurückbekommt? Indem wir uns das Rating ansehen. Das Rating (Einschätzung) gibt uns Auskunft darüber, wie eine Ratingagentur (Einschätzungsagentur) die finanzielle Situation beispielsweise eines Unternehmens, aber auch eines Staates einschätzt. Dafür nutzen Ratingagenturen feste Parameter, die sich von Agentur zu Agentur geringfügig unterscheiden. Die drei größten heißen Moody, Fitch und S & P. Das beste Rating, welches man erreichen kann, lautet AAA. Hier ist quasi ausgeschlossen, dass der Betrag zum Beispiel einer Anleihe nicht zurückgezahlt werden kann. Märkte reagieren sehr stark auf Veränderungen von Ratings. Wird ein Land auf ein BB heruntergestuft, kann es passieren, dass zu viele Leute gleichzeitig Angst um ihr Geld bekommen und ihre Anleihen vorzeitig auflösen möchten beziehungsweise keine neuen mehr abgeschlossen werden. Dem Land fehlt es dann zusätzlich an liquiden Mitteln, und seine Situation verschlechtert sich immer weiter.

Rendite

Der Best Case eines jeden Investments ist, du investierst Geld und machst daraus mehr Geld. Die Rendite berechnet sich, indem du dir ansiehst, was du inklusive aller Gebühren für deine Investition bezahlst und was du abzüglich Steuern für deine Investition erhalten hast. Der Differenzbetrag ist dann deine Rendite.

Rentenfonds

Noch eine Fondsart? Ja. Und zwar eine, die wir schon kennen. Schau doch mal ab Seite 113 vorbei. Hier erkläre ich den Rentenfonds etwas genauer.

Risikostreuung

Beim Investieren ist es ratsam, nie alles auf eine Karte zu setzen. Um ein möglichst breites Portfolio zu haben, diversifizieren wir unser Portfolio. Wir kaufen also verschiedene Finanzinstrumente wie Anleihen (als Basis), Aktien, Fonds, ETFs, Rohstoffe etc. Damit streuen wir auch unser Risiko. Sollte es nämlich in einem Bereich einmal nicht so gut laufen, dann haben unsere anderen Portfoliobausteine immer noch die Möglichkeit, gut zu performen. Ebenso wichtig ist es, innerhalb einer Anlageklasse (z. B. Aktien) zu diversifizieren und beispielsweise Aktien aus verschiedensten Bereichen zu kaufen. Auch hiermit streuen wir unser Risiko. So kannst du hin und wieder etwas risikofreudiger an eine Investition herangehen, da du weißt, dass der Rest deiner Investitionen eine sichere Anlage ist.

////// Schwellenländer

Schwellenländer oder auch »emerging markets« beschreiben die jungen Börsen von Entwicklungs- und Schwellenländern, aber auch die der sogenannten Ostblockstaaten. Man beschreibt sie außerdem als »aufstrebende Länder«. Oft haben diese Länder zwar hohe Wachstumsraten, sind aber auch weniger liquide. Somit können einzelne Käufe und Verkäufe einen starken Einfluss auf den Kurs haben. Sie sind dadurch also risikobehafteter.

////// Schwellenländerfonds

Auch in Schwellenländern gibt es selbstverständlich Fonds, in die du investieren kannst. Hierbei investiert der Fonds dann ausschließlich in Wertpapiere von Schwellenländern.

////// Shareholder

Die Person/Institution, die eine Aktie (also einen Anteil/share) besitzt.

////// Short und Long

In der Regel unterscheidet man beim Investieren zwischen Long- und Short-Möglichkeiten.
Short: Du weißt ja schon, dass fallende Aktienkurse nicht immer ein Verlust sein müssen. Nämlich dann nicht, wenn du darauf wet-

test, dass sich der Kurs negativ entwickelt. Dies kannst du mit unterschiedlichen Methoden tun.

Aktive Shorts sind zum Beispiel Leerverkäufe. Erinnerst du dich, als ich Babo ihre Tasche abkaufen wollte, da ich sie schon an jemanden anderen verkauft habe? Genau das kann ich auch mit Aktien tun. Und zwar folgendermaßen: Ich verkaufe eine Aktie, die ich noch gar nicht habe. Denn ich glaube, dass die Aktie weiter im Kurs fallen wird. Für meine Aktie bekomme ich 50 Euro. Danach fällt die Aktie tatsächlich auf 30 Euro. Nun kaufe ich die Aktie und reiche sie meinem Käufer weiter. Ich schließe damit meine Shortposition mit einem Gewinn von 20 Euro. Das Ganze nennt man auch »Shortselling«. Ich verkaufe und kaufe in einem sehr kurzen Zeitraum.

Passive Shorts sind zum Beispiel Optionen oder Derivate, die sich nur auf einen sehr kurzen Zeitraum beziehen. Ich spekuliere darauf, dass ein Kurs eines Wertpapiers oder auch eines Index fällt oder steigt (Call oder Put). Beispielsweise spekuliere ich mit einem DAX-Short-Zertifikat darauf, dass der DAX-Index fällt. Passiert das, kann ich meinen Short einlösen.

Long*:* Auch beim Long-Investieren habe ich die Möglichkeit, aktiv oder passiv zu investieren.

Aktive Longs: Möchtest du mit deinen Investments long gehen, dann kaufst du zum Beispiel Aktien oder ETFs und wartest, bis diese sich über einen längeren Zeitraum im besten Fall positiv entwickeln. Durch die steigenden Kurse machst du also langfristig (long) Gewinne. In diese Finanzinstrumente hast du direkt und aktiv investiert.

Passive Longs: Du kannst aber auch durch passive Methoden – erinnerst du dich zum Beispiel an Optionen? – long gehen. Bei Optionen investierst du nicht direkt in das Finanzinstrument. Du spekulierst aber auf sie beziehungsweise auf ihren Kursverlauf. Du kannst dies auch auf einen langen Zeitraum ausweiten und somit auf einen Kurswert spekulieren, der weit in der Zukunft liegt. Dies ist allerdings sehr riskant.

////// Sondervermögen

Das Sondervermögen, auch Fondsvermögen, heißt deswegen Sondervermögen, da es nicht in den Unternehmenswert einer Fondsgesellschaft eingerechnet wird, sondern als gesondertes Vermögen von einer Depotbank verwaltet wird. Damit kann es nicht veruntreut werden.

////// Sparer-Pauschbetrag

Hier handelt es sich um einen Freibetrag, der sich auf deine Einnahmen aus Zinsen und Dividenden bezieht. Aktuell liegt dieser bei 801 Euro für Einzelveranlagungen und bei 1602 Euro bei zusammenveranlagten Personen.

////// Sparpläne

Mit einem Sparplan kannst du mithilfe eines Dauerauftrags jeden Monat eine bestimmte Summe in einen Fonds investieren. So kannst du langfristig Geld in dem Fonds ansparen, das dann vom Zinseszins profitieren kann.

////// Sperrdepot

Das Konto, auf dem bei einer Depotbank das Sondervermögen verwaltet wird.

////// Sperrfrist

Werden Aktien an den Markt ausgegeben, dann gibt es für Altaktionäre eine Sperrfrist. Dieser Zeitraum unterscheidet sich pro Land. In Deutschland ist eine Sperrfrist von 6 bis 18 Monaten, je nach Marktsegment, üblich. Man tut dies, um Neuaktionäre nach dem Börsengang vor Kurseinbrüchen durch den Verkauf von Aktienpaketen der Altaktionäre zu schützen.

////// Spezialfonds

Spezialfonds sind das Gegenteil von Publikumsfonds und stehen nur institutionellen Anlegern (Versicherungen, Banken etc.) zur Verfügung. Hier dürfen Anteilseigner bei Anlageentscheidungen mitsprechen.

////// Spin-off

Hast du schon mal davon gehört, dass sich Unternehmen XY von einem Teil seines Unternehmens löst und dieses danach als eigenständiges Unternehmen am Markt agiert? Dann weißt du, was ein Spin-off ist. Hast du nun Aktien dieses Unternehmens, bekommst du als Altaktionär auch Aktien an dem neuen Unternehmen gratis oder zumindest mit einem Vorkaufsrecht. Das Vorkaufsrecht kann ebenfalls verkauft werden, wenn du es nicht selbst nutzen möchtest.

////// Standardwertefonds

Wenn Fonds in hochkapitalisierte Unternehmen wie zum Beispiel in die Unternehmen aus dem DAX investiert sind, dann nennt man sie Standardwertefonds oder auch Blue-Chips-Fonds.

////// Steueroptimierte Fonds

Hier ist der Fonds absichtlich so aufgebaut, dass er die steuerpflichtigen ordentlichen Erträge möglichst gering hält.

////// Switchen

Du möchtest zwischen verschiedenen Fonds wechseln? Dann macht es Sinn zu prüfen, welche anderen Fonds die Kapitalverwaltungsgesellschaft, bei der du möglicherweise dein Anlagekonto führst, noch betreut. Denn wechselst du in einen Fonds der gleichen oder ähnlichen Art, zahlst du so in der Regel einen reduzierten Ausgabeaufschlag. Wie du herausfinden kannst, wohin du günstig wechseln kannst? Frag einfach mal direkt bei deiner Depotbank nach.

////// Tagesgeldkonto

Ein Tagesgeldkonto ist ein verzinstes Konto. Oft wird es auch als »Zwischenparken« beschrieben. Denn auf ein Tagesgeldkonto kannst du jederzeit zugreifen, wenn du über das dort liegende Geld verfügen möchtest. Du kannst es also zum Ansparen nutzen, um dann von dort aus Gelder zum Investieren weiterzuleiten.

////// Thesaurierende Fonds

Bei dieser Art des Fonds werden die Gewinne, die der Fonds erwirtschaftet, ganz im Gegensatz zu ausschüttenden Fonds (➲ Seite 180), nicht einmal jährlich an dich ausgezahlt, sondern werden wieder direkt in den Fonds investiert. Sie eignen sich also hervorragend, um Vermögen aufzubauen, da du auch hier stark vom Zinseszins (➲ Seite 214) profitieren kannst.

////// Timing

Wir alle wissen, manchmal ist das richtige Timing alles, worauf es ankommt. So ist es auch, wenn es um das Thema Investitionen geht. Denn das richtige oder falsche Timing kann enormen Einfluss auf Gewinne oder Verluste haben. Für Privatanleger ist es allerdings sehr schwierig, den richtigen Moment zu finden. Deshalb empfehlen viele Experten eine kontinuierliche Strategie, ohne permanent den Kursverlauf zu prüfen. Zumindest wenn man langfristig in einen Fonds investieren möchte. Das kannst du am besten machen, wenn du mit einem Dauerauftrag monatlich einen festen Betrag investierst. Sind die Kurse weit unten, dann kann es sich auch lohnen, genau in diesem Moment zuzukaufen, wenn du davon ausgehst, dass sich die Werte wieder erholen. Hierzu kannst du dir als Basis zum Beispiel Vergangenheitswerte deines Fonds ansehen.

Trading

Mit Trading beschreibt man im Grunde nur den Handel, also das Kaufen und Verkaufen, von Wertpapieren und Finanzprodukten an Börsen. Man ist also auch bereits ein Trader, wenn man gerade einmal eine Aktie gekauft hat. Ich bin theoretisch ja auch Fahrradverkäuferin, wenn ich einmal mein altes Fahrrad an eine Freundin verkauft habe. Du siehst, ein Titel ist immer Auslegungssache, und sowohl erfahrene Trader (Händler) als auch Fahrradverkäufer würden hier sicher die Augen rollen.
Beim Traden kann man übrigens noch verschiedene Unterformen unterscheiden. Es gibt zum Beispiel sogenannte Day-Trader, die Finanzprodukte tages-, teilweise sogar sekundengenau verkaufen und so immer versuchen, die besten Momente zu erwischen.

Volatilität

Die Volatilität gibt an, wie sehr ein Wertpapier, eine Währung oder auch ein Index schwankt.

Wall Street

Die wohl bekannteste Börse der Welt und die wichtigste Börse der USA heißt eigentlich gar nicht Wall Street sondern NYSE (New York Stock Exchange – New Yorker Börse). Sie wurde 1792 in der Wall Street gegründet und befindet sich bis heute dort.

Wertpapier

In diesem Buch ging es schon sehr viel um Wertpapiere. Wie genau definiert man sie aber? Im Prinzip ganz einfach: Wertpapiere verbriefen dir in Schriftform das Recht und stehen für deine Beteiligung an einem Unternehmen (Aktien) oder einem Schuldverhältnis (Anleihen, Seite 178).

Zertifikat

Mit einem Zertifikat hältst du Anteile an einem Investmentfonds. Du kannst auf einem Zertifikat auch mehrere Wertpapiere zusammenfassen. In diesem Fall nennt man das Zertifikat Sammelurkunde. Und natürlich kannst du auch mit diesen Zertifikaten handeln.

Zinssatz p.a.

P.a = per anno, also pro Jahr. Der Zinssatz p.a gibt also den Prozentsatz pro Jahr an, zu dem etwas verzinst wird.

Zinseszins

Last but not least unser allerliebster Zinssatz. Da dieser so wichtig ist, habe ich hierüber schon in Kapitel »Stressfrei investieren« (➲ ab Seite 37) ganz ausführlich geschrieben. Schau da doch gern kurz rein, wenn du noch mal nachlesen möchtest, um was es sich beim Zinseszins genau handelt.

ANMERKUNGEN

1. https://www.adzuna.de/blog/2019/02/12/umfrage-zum-valentinstag/
2. Destatis, Mikrozensus 2016
3. Destatis, Mikrozensus 2017
4. www.destatis.de
5. Deutsche Rentenversicherung, PDF Altersrenten im Zeitab auf 2021. Statistik der Deutschen Rentenversicherung – Rentenzugang, Rentenbestand, Rentenanträge und ihre Erledigungen, Rechnungsergebnisse, zur Bevölkerung: Statistisches Bundesamt, ab 2011 Zensusergebnisse, eigene Schätzung; verschiedene Jahrgänge. Herausgeber: Deutsche Rentenversicherung Bund, Bereich 0760 – Statistische Analysen
6. https://www.was-war-wann.de/historische_werte/monatslohn.html
7. https://www.focus.de/wissen/mensch/geschichte/meilensteine-der-frauen-emanzipation-in-deutschland-frauentag-2012_id_2045108 html
8. Statistisches Bundesamt www.statista.de
9. https://bankenverband.de/newsroom/presse-infos/geldanlage-frauen-schatzen-vorsorgesituation-falsch-ein/
10. https://bankenverband.de/newsroom/presse-infos/geldanlage-frauen-schatzen-vorsorgesituation-falsch-ein/
11. https://www.iwd.de/artikel/berufswahl-typisch-mann-typisch-frau-380726/
12. https://www.handelsblatt.com/finanzen/banken-versicherungen/banken/frauenquote-nur-zwei-sparkassen-mit-rein-weiblicher-spitze-der-aufholbedarf-bei-den-oeffentlich-rechtlichen-instituten-ist-gross/26731438.html?ticket=ST-12978062-YGO4nAvGlv663L0PGFfC-ap5
13. https://madamemoneypenny.de/mentoring/
14. https://de.statista.com/statistik/daten/studie/1082408/umfrage/retouren-von-paketen-und-artikeln-in-deutschland/
15. https://einzelhandel.de/index.php?option=com_attachments&task=download&id=10572
16. Tim Jackson: Paradies-Verbraucher. Aufstieg und Fall der Konsumgesellschaft. http://www.umweltethik.at/paradies-verbraucher_aufstieg_/
17. https://www.sparkasse.de/themen/wertpapiere-als-geldanlage/anlegen-in-gold-irrtuemer.html
18. https://de.statista.com/statistik/daten/studie/155823/umfrage/gkv-pkv-mitglieder-und-versichertenzahl-im-vergleich/
19. https://www.immobilienscout24.de/wissen/mieten/mieter-vor-gericht.html

20. https://www.un.org/sustainabledevelopment/
21. https://www.attac-duesseldorf.de/die-deutsche-bank-1-ein-kriminelles-unternehmen/
22. https://www.verbraucherzentrale-bawue.de/geld-versicherungen/nachhaltige-geldanlage/greenwashing-bei-der-geldanlage-werbung-mit-nachhaltigkeit-65537
23. https://www.attac.de
24. https://www.attac.de/kampagnen/bankwechsel/mitmachen/abschiedsbrief/
25. https://ccaf.io/cbeci/mining_map
26. https://www.zeit.de/green/2021-11/kryptokunst-wwf-ntf-artenschutz-klima
27. https://www.fi.se/en/published/presentations/2021/crypto-assets-are-a-threat-to-the-climate-transition–energy-intensive-mining-should-be-banned/